★ ★ ★　　★ ★
교과서보다 먼저 읽는

첫 세계사

1

교과서보다 먼저 읽는

첫 세계사

1

글 한정영 그림 이창우
감수 김민수·김용천

북멘토

상상력의 원천이 되는 이야기의 힘

"역사는 미래의 거울이다."라는 말이 있습니다. 또, 누군가는 "역사를 잊은 민족에게 미래는 없다."라고 했지요. 그만큼 역사는 중요합니다. 하지만 역사가 이렇게 무겁고 진지한 의미만 있는 것은 아니에요. 역사는 하나의 이야기이고, 이야기는 누구나 좋아하지요. 특히 역사 이야기는 마치 한 편의 영화나 소설처럼 흥미진진해 사람들이 오랫동안 읽고 또 읽어 왔답니다.

나는 칼에 찔린 상처에 알로에가 좋다는 사실을 알렉산더 대왕의 페르시아 원정 이야기(전쟁터에 알로에를 가져간 알렉산더 대왕)를 통해 알게 되었어요. 살아생전의 영광을 죽어서도 누리기 위해 수많은 병사 인형을 무덤에 넣은 진시황을 보면서(황제를 지키는 무덤 속의 병사들) 인간의 끝없는 욕심은 예나 지금이나 다르지 않다고 느꼈지요. 코끼리 부대를 이끌고 로마군을 물리친 한니발 장군의 이야기(코끼리가 알프스산맥을 넘을 수 있을까?)는 마치 판타지 소설의 한 장면 같았답니다. 더구나 열대 지방에 사는 코끼리가 추운 알프스산맥을 넘을 수 있을지 실제로 실험한 사람이 있었다는 사실을 알고는 결과도 무척 궁금했고 그 무모한 도전 정신에 놀라기도 했지요. 어쩌면 인류의 발전은 이런 어리석어 보이는 도전에서 비롯된 게 아닐까요?

코끼리뿐만 아니라 고양이도 역사의 한 페이지에 등장한답니다. 바로 흑사병이 온 유럽을 휩쓸던 중세 시대이지요. 만약 이때 사람들이 고양이를 함부로 죽이지 않았다면 유럽 인구의 3분의 1이 죽어 간 흑사병의 재앙을 조금은 막을 수 있었을지도 몰라요(흑사병은 정말 고양이의 저주였을까?). 배를 산으로 끌고 올라가 전쟁에서 이겼다거나(배가 왜 산으로 올라갔을까?), 원치 않는 결혼을 피해 밤에 몰래 도망친 공주 덕분에 콜럼버스가 아메리카 대륙을 발견했다면(누더기 소녀에서 통일 왕국의 여왕이 된 이사벨) 여러분은 믿을 수 있나요? 이 믿지 못할 이야기들이 모두 실제로 있었던 일이랍니다.

이처럼 역사는 단순한 기록이 아니라 매우 흥미로운 에피소드이면서 온갖 지식들이 뒤섞여 있는 보물 창고이기도 해요. 그런가 하면 때론 아름다운 사랑 이야기 같기도 하고 때론 으스스한 스릴러물이나 스펙터클한 영웅전 같기도 하지요.

그런데 우리가 왜 이런 아주 먼 나라의 옛이야기를 알아야 할까요? 물론 앞에서 말한 것처럼 역사가 아주 중요하기 때문이기도 하지만, 무엇보다 이야기는 상상력의 원천이기 때문이에요. 상상력은 지적 호기심을 자극하고, 호기심에 대한 답을 얻으려고 우리는 한 번 더 생각하고, 탐구하고, 공부하게 되지요. 이것이 우리가 발전하는 과정이에요.

　《교과서보다 먼저 읽는 첫 세계사》는 왕이 무슨 업적을 이루었고, 어떤 전쟁이 일어났는지 늘어놓기보다는, 역사 속에 숨어 있던 기발하고 엉뚱한 이야기를 통해 그 시대의 진실을 찾아가는 방식으로 썼어요. 그래서 추리 소설 한 편을 읽는 듯한 흥미를 느낄 수 있고, 재미있게 읽으면서 스스로 논리를 개발하여 진실이 무엇인지 찾으려고 노력하게 될 거예요. 그렇다면 잠깐 시간을 내서 이 매력적인 이야기들을 만나 보는 것이 충분히 의미 있지 않을까요?

한정영

2장 세계로 뻗어 가는 아시아와 이슬람 세계

3장 중세에서 르네상스까지 유럽의 변화

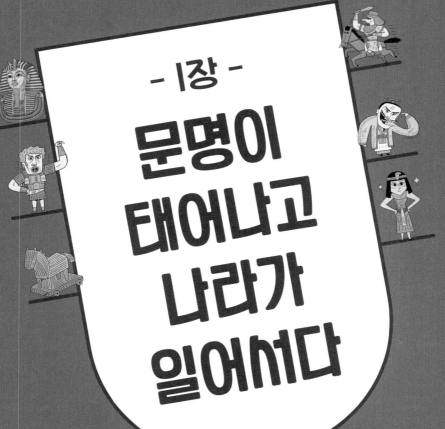

- 1장 -

문명이
태어나고
나라가
일어서다

신바빌로니아 왕국의
영광을 꿈꾸다
- 메소포타미아 문명과 바빌로니아 왕국

왕이 되고 싶었던 21세기 정치인

2003년 4월, 첨단 무기로 무장한 미군이 이라크의 수도 바그다드로 진입했다. 미군의 목적은 이라크가 숨긴 화학 무기를 찾고, 이라크 대통령 사담 후세인의 항복을 받아 내는 것이었다. 한편에서는 미국이 석유가 풍부한 이라크에 자신들에게 우호적인 정권을 세우려는 의도가 있다며 비판했지만, 미국은 이라크 침공을 멈추지 않았다. 미군은 곧 바그다드 남쪽 100킬로미터 지점에 도착했다. 그곳은 다름 아닌 바빌론이었다.

바빌론은 메소포타미아 문명의 고대 도시 중 하나였으며, 고대 왕국 바빌로니아와 신바빌로니의 수도였다. 성경에 나오는 바벨탑과 세계 7대 불가사의의 하나인 공중정원이 있었다고 알려진 곳이기도 하다. 과연 고대 도시답게 곳곳에는 고대 왕국의 유적들이 많

이슈타르 문 : 네부카드네자르 2세가 외적의 침입을 막기 위해 도시 주변에 높은 성벽을 쌓고 이 문을 만들었다.

이 남아 있었다. 미군 선발대는 도심에 들어서자마자 고대 원형 극장터를 만났다. 조금 더 나아가자 이번에는 이슈타르 문이 나타났다. 이슈타르 문 뒤에는 불타 버린 박물관이 있었고, 그 옆에는 함무라비 법전의 모형이 세워져 있었다.

그리고 신바빌로니아 왕국의 옛 궁궐터에 크고 호화로운 건물 한 채가 있었다. 사담 후세인의 여름 별장이었다. 이라크 군대는 그곳에서 맹렬하게 저항했다. 미군도 만만치 않은 희생을 치른 후에야 그곳을 점령할 수 있었다. 그런데 별장에 들어간 미군은 깜짝 놀라고 말았다. 4층 높이의 건물은 못해도 축구장 다섯 개 정도의 크

13

기는 되는 듯했다. 나중에 알게 된 사실이지만, 이 별장을 짓는 데
들어간 벽돌이 모두 6천만 개가 넘었다. 건물의 모양도 고대 왕국
에 실제로 있었던 신전과 비슷했다. 방은 600개에 이르렀고, 금으
로 만든 변기가 설치된 곳도 있었다. 별장 남동쪽 담벼락 아래에는
이런 글이 쓰여 있었다.

이라크의 지도자 사담 후세인 시대에 바빌론의 영광이 재현되었다!
나(사담 후세인)는 진정한 네부카드네자르 왕의 아들이다!

사담 후세인은 이곳에 신바빌로니아 왕국의 영광을 다시 세우
고자 했던 것이다. 그 옛날, 네부카드네자르 2세가 유대인을 끌고
와 수많은 신전을 짓고 당시로서는 최첨단 도시를 건설했을 때, 신

네부카드네자르 2세는 유대 왕국을 멸망시키고
수만 명의 유대인을 포로로 데리고 와서
많은 신전을 짓게 했어. 그 신전을 지구라트라고 해.

성경에 나오는
바벨탑이 지구라트였을
거라는 주장도 있어.

지구라트 : 고대 바빌로니아와 아시리아 유적에서 발견되는 거대한 탑. 하늘에 있는 신과
땅의 인간을 연결하는 신전이었다.

바빌로니아 왕국은 그 일대에서 감히 대적할 나라가 없었다. 사담 후세인은 바로 그런 강한 나라를 꿈꾸었다. 네부카드네자르 2세의 궁궐터에 별장을 짓고, 마치 왕이라도 된 듯 여름마다 별장에서 호화로운 생활을 즐겼다. 하지만 사담 후세인은 전쟁에서 패해 결국 형장의 이슬로 사라졌다.

몇 년 후, 이라크의 바빌론주 정치가들은 후세인의 여름 별장을 박물관으로 사용하기로 결정했다.

메소포타미아 문명에서 번성한 바빌로니아 왕국

티그리스강과 유프라테스강 사이의 땅은 '비옥한 초승달 지역'이라고 불린다. 기원전 3500년경부터 이곳으로 많은 사람이 몰려와

메소포타미아 문명의 고대 도시

자연스레 마을이 생기고 문명이 발전했다. 수많은 도시가 강을 따라 생겨났으며, 도시에 사는 사람들은 서로 끊임없이 싸웠다. 그리고 사르곤과 함무라비 같은 왕들에 의해 통일과 분열을 반복했다. 특히 바빌로니아의 왕 함무라비는 분열된 메소포타미아를 통일한 뒤, 백성들을 공정한 법에 따라 통치하고자 했다. 그래서 법의 내용을 정해 커다란 바위에 새겼다. 이 함무라비 법전이 국가에서 문자로 정리한 세계 최초의 성문법이다.

함무라비왕이 죽자 바빌론은 조금씩 쇠퇴했다. 그러자 한때 메소포타미아 북쪽에 있던 아시리아가 메소포타미아를 차지했다. 특히 아시리아의 아슈르바니팔왕은 저항하는 사람들을 잔인하게 짓밟으며 티그리스강과 유프라테스강 유역의 여러 도시를 차례로 무너뜨렸다. 아슈르바니팔왕은 자신의 업적을 글로 적어 남기기로 했다. 그는 조상들의 이야기를 비롯해 전해 내려오는

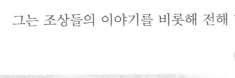

• 남의 집 소나 양, 돼지 등을 훔쳤다면 열 배로 보상해야 한다.
• 눈에는 눈, 이에는 이로 갚는다.
• 다른 사람의 눈을 멀게 했다면 그 사람의 눈알도 빼내야 한다.
• 이를 부러뜨렸다면 그 사람의 이도 부러뜨려라.
• 의사가 수술하다가 환자가 죽으면 의사의 손을 잘라라.

함무라비 법전의 내용 일부

이야기들까지 점토판에 기록했다. 또 커다란 도서관을 지어 이를 보관했는데, 이것이 세계 최초의 도서관인 니네베 도서관이다.

아시리아는 그로부터 얼마 후 다시 바빌론 사람 나보폴라사르의 공격을 받고 파괴되었다. 나보폴라사르는 자신이 바빌로니아 왕국을 계승했음을 밝히고 신바빌로니아 왕국을 건설했다. 특히 2대 왕 네부카드네자르 2세의 위세는 아주 대단했다. 그는 주변의 도시들을 정복한 다음, 군대를 이끌고 유다 왕국으로 진격해 예루살렘을 파괴했다. 그리고 수많은 유대인을 강제로 바빌론으로 이주시켰다. '바빌론 유수'라고 불리는 이 사건으로 유대 민족은 수천 년을 떠돌며 사는 신세가 되었다.

네부카드네자르 2세는 유대인들을 동원해 바빌론에 수많은 신

공중정원 : 네부카드네자르 2세는 고향을 그리워하는 왕비 아미타스를 위해 온 세상의 꽃과 나무를 구해 오라고 명한 뒤, 거대한 건축물을 지어 거기에 심었다. 사계절 내내 진귀한 식물들이 아름답게 자란 이 건축물은 멀리서 보면 마치 공중에 떠 있는 것 같다고 해서 공중정원이라고 불렀다.

전을 짓고, 외부의 침략을 막기 위해 도시 주변에 높은 성벽을 쌓았다. 이어 도시를 상징하는 거대한 문을 세웠는데, 바로 이슈타르 문이다. 이슈타르는 메소포타미아 신화에 나오는 여신의 이름이다. 또 그는 왕비를 위해 공중정원을 건설했고, 신바빌로니아 왕국을 평화로 이끌었다. 하지만 이웃 나라 메디아 왕국에 복종하며 살던 페르시아가 어느새 힘을 키워 신바빌로니아 왕국을 멸망시켜 버렸다.

파라오의 무덤에
손을 대지 말지어다
- 고대 이집트의 흥망성쇠

투탕카멘의 무덤을 발굴한 사람들

"왕의 무덤에 들어가지 말게. 파라오의 저주가 내리면 틀림없이 이름 모를 병에 걸려 목숨을 잃게 될 거야."

투탕카멘(이집트 18왕조 12대 왕)의 무덤을 발굴하느라 열을 올리고 있는 카나본에게 친구 하몬 백작이 말했다. 함께 발굴 작업을 하던 젊은 고고학자 카터도 투탕카멘의 무덤 주위에서 이상한 돌을 하나 주웠다. 거기에는 이런 말이 쓰여 있었다.

> "내 집을 향한 손은 말라비틀어질 것이고, 나의 이름과 나의 상(像)에 손
> 대는 자들은 파멸의 운명에 떨어질 것이다!"

기분이 나빠진 카나본은 아주 유명한 점쟁이를 찾아가 자신의

운명에 대해 물었다. 그런데 점쟁이의 말도 똑같았다.

"투탕카멘에 손을 댄 자는 모두 죽음에 이르리라!"

하지만 카나본은 1922년 11월 26일 마침내 투탕카멘의 무덤을 열었다. 촛불이 무덤 안을 비추자 이상한 동물 조각상들이 먼저 눈에 띄었다. 제단 한쪽에는 죽은 자를 지키는 신 아누비스가 앉아 있었다. 그 주위로 황금으로 만들어진 의자와 크고 작은 상자들, 칼과 창은 물론 화려한 그릇과 장식들이 금빛으로 반짝였다. 그러나 기쁨은 거기까지였다. 발굴에 앞장선 카나본은 이듬해 4월 5일 하몬 백작이 전해 준 저주대로 목숨을 잃었다.

카나본의 시신을 관찰한 의사들은 뜻밖의 사실을 발견했다.

"카나본 씨의 얼굴 오른쪽 아래에 모기에 물린 흔적이 있습니다. 그런데 자세히 살펴보니 투탕카멘도 똑같은 위치에 똑같은 상처가 나 있습니다."

우연의 일치라기엔 어딘지 섬뜩한 이야기였다. 게다가 영국에 있던 카나본의 애완견까지 죽었다는 사실이 알려져 사람들을 오싹하게 만들었다.

저주로 보이는 죽음은 여기서 멈추지 않았다. 그해 9월, 카나본의 조카 오베리 허버트, 미라를 조사하기 위해 파견되었던 X선 촬영 기사도 죽음을 면치 못했다. 이어 투탕카멘의 관을 만진 미국인도 사망했고, 무덤을 참관한 이집트 귀족 역시 아내가 쏜 총에 맞고 숨졌다. 뒤늦게 무덤을 방문한 학자 조지 방디트, 고고학자 카터를 따라 무덤을 발굴한 조수와 비서 또한 어느 날 아침 침대 위

에서 시체로 발견되었다. 투탕카멘의 미라를 검사한 의사도 그 뒤를 이어 세상을 떠났다.

이렇게 되자 카이로 박물관에서 고대 유물을 관리하던 네레트 박사가 나섰다.

"이것은 투탕카멘의 저주가 아닙니다. 평생 파라오의 무덤에서 발굴된 유물을 관리하고 미라와 함께 지내 온 저도 아직 살아 있지 않습니까. 사람들의 죽음은 단지 우연일 뿐입니다."

하지만 네레트 박사는 그 말을 한 지 꼭 4주 후에 목숨을 잃었다. 이후에도 투탕카멘의 무덤과 직간접적으로 관련된 30여 명의 사람들이 연이어 목숨을 잃었다.

살아 있는 신 파라오

이집트의 나일강은 자주 범람해서 주변 땅이 비옥했다. 그 덕분에 일찍부터 사람들이 모여 살았고, 강의 상류와 하류에 각각 나라가 세워졌다. 이 두 나라를 상(上)이집트와 하(下)이집트라고 한다. 두 나라는 끊임없이 다투다가 마침내 상이집트의 왕 메네스에 의해 통일되었다. 이집트는 고왕국(기원전 2686년경~기원전 2181년경) ― 중왕국(기원전 2040년경~기원전 1758년경) ― 신왕국(기원전 1570년경~기원전 1070년경) 시대를 거쳐 오면서 26왕조까지 이어졌다.

이집트가 하나로 통일된 뒤, 백성들은 자신들의 왕을 파라오라고 불렀다. 파라오는 정치적으로나 종교적으로 최고의 통치자였으며, 사람들은 파라오를 살아 있는 신으로 여겼다. 그래서 파라오들은 스스로 권위를 높이고자 피라미드를 만들기 시작했다. 제사장들은 파라오가 죽은 후에 피라미드를 크고 높게 지었는데, 죽은 파라오가 하늘로 올라가 다른 신들과 함께 지낸다고 믿었기 때문이다. 피라미드에는 파라오의 미라와 함께 옷가지와 보석, 황금 장신구 등을 묻었다. 특히 쿠푸왕(4왕조 2대 왕)은 죽기 전부터 자신이 묻힐 피라미드를 지었다. 무려 20년에 걸쳐서 완성된 쿠푸왕의 피라미드는 다른 어떤 피라미드보다 크고 웅대해서 대피라미드라고도 부른다.

그러나 시간이 지나면서 파라오의 권위는 점점 낮아지기 시작했다. 지방의 귀족들이 서로 왕이 되겠다고 다투었고, 신을 모시는 제사장들까지 권력 다툼에 끼어들었다. 이집트는 다시 분열될 위기에 처했다. 바로 이때 테베에 살던 한 귀족이 "강한 이집트를 만들자!"라는 구호를 앞세우며 이 싸움에 뛰어들었다. 정적들을 차례

로 물리치고 새로운 파라오가 된 이 귀족은 12왕조의 1대 왕 아메넴헤트 1세였다.

아메넴헤트 1세 이후 이집트는 한동안 평화로웠지만 이웃의 힉소스 부족이 쳐들어와 다시 혼란스러워졌다. 힉소스 부족은 말이 끄는 전차를 타고 이집트 땅을 종횡무진 누볐다. 그들은 마을을 파괴하고 왕궁까지 점령했다. 결국 이집트 사람들은 100년이 넘도록 힉소스 부족의 지배를 받아야 했다. 하지만 이 시기에 이집트 사람들은 힉소스 부족에게 전차나 탄력 좋은 활 같은 무기 만드는 법을 배우고 그들의 전투 기술을 익혔다. 마침내 이집트 왕족의 지도자 아모세가 반란을 일으켜 힉소스 부족을 내쫓고 새로운 파라오가 되었다. 이제 이집트는 신왕국 시대를 맞이했다.

신왕국 시대는 이집트의 황금기였다. 투트모세 1세(18왕조 3대 왕)는 땅을 넓혀 국력을 키웠다. 또 여성 파라오가 된 그의 딸 핫셉수트는 전쟁을 치르는 대신 아프리카로 사신을 보내 이집트 사람들에게 필요한 향료 등 수많은 물건을 들여와 나라를 풍요롭게 만들었다.

그런가 하면 수많은 신을 섬기던 다신교의 나라 이집트에서 최초로 오직 하나의 신을 섬기는 파라오가 등장했다. 그의 이름은 아멘호테프 4세(18왕조 10대 왕)였다. 그는 태양신 아톤을 신봉하며, 아톤만이 유일한 신이라고 주장했다. 자신의 이름도 '아톤에게 봉사하는 사람'이라는 뜻의 아크나톤으로 바꾸었다. 아멘호테프 4세의 이러한 결정은 지금까지 신들을 섬긴다는 이유로 막대한 부와 권

력을 누리고 있던 사제들을 견제하는 효과가 컸다.

하지만 아크나톤이 죽자, 사제들은 모든 것을 원점으로 돌려놓았다. 사제들은 아크나톤의 뒤를 이어 겨우 열 살의 나이에 파라오가 된 왕을 자신들의 꼭두각시로 삼았다. 이 어린 파라오가 바로 투탕카멘이었다. 투탕카멘은 별다른 업적을 남기지 못하고 열여덟 살의 어린 나이에 세상을 떠났다.

이 무렵부터 이집트는 서서히 몰락의 길을 걸었다. 예전처럼 외세의 침략을 효과적으로 막아 내지 못해 영토도 줄어들었다. 한때 람세스 2세(19왕조 3대 왕)가 주변의 강국 히타이트와 전투를 벌이며 안간힘을 썼으나 국력이 쇠해 가는 것을 막을 수는 없었다. 이집트는 다시 상이집트와 하이집트로 나뉘었다. 그러다 아시리아와 페르시아 등의 계속된 침략을 받고 역사 속으로 사라졌다.

죽어서도 살기 위해 미라를 만들다

이집트에서는 사람이 죽으면 죽음의 신 오시리스의 심판을 받는다고 믿었다. 죽은 자의 영혼이 오시리스에게 가기까지는 여러 단계의 시험을 거쳐야 했다. 또 영혼이 시험을 통과하더라도 심판의 방에 이르면 오시리스와 신하들에게서 수많은 질문을 받아야 했다. 이 절차가 끝나면 죽은 자의 심장과 마트(정의, 진리, 율법의 여신)의 깃털을 양팔 저울에 달았다. 양팔 저울이 완벽하게 평형을 이루어야 편안히 갈대밭으로 갈 수 있었다. 갈대밭이란 이집트인들이 죽은 뒤에 간다고 믿은 행복한 세계를 말한다.

미라를 만드는 과정

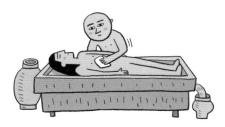

1. 시신을 깨끗하게 닦는다.

2. 심장은 그대로 두고 나머지 장기를 꺼내 단지에 담는다.

3. 비어 있는 시신 속에 천연 소금인 나트론을 채우고 위에도 덮는다.

4. 40일 뒤 시신을 씻고 톱밥, 천 등으로 몸 안을 채운 뒤 향이 좋은 기름을 바른다.

5. 아마천으로 만든 붕대로 머리와 몸을 감는다.

6. 시신의 얼굴이 그려진 관에 미라를 넣는다.

죽은 자의 영혼이 갈대밭에 무사히 이르기 위해서는 사전에 꼭 해야 하는 일이 두 가지 있었다. 하나는 '사자의 서(사후 세계에 대한 안내서)'를 달달 외우는 일이었고, 또 하나는 시신을 잘 보존하는 일이었다. 그래서 미라를 만들기 시작한 것이다. 나무 관을 사용하기 전 이집트에서는 사람이 죽으면 제일 먼저 시신을 뜨거운 모래밭에 두어 마르게 했다. 그런 다음 천으로 단단히 감싸고, 땅속에서도 시신이 썩지 않도록 회반죽을 바르고 색칠까지 한 뒤 무덤에 넣었다. 덕분에 수백 년이 지나도 썩지 않은 미라가 발견되는 것이다.

미이라 알렉스 커츠만 감독, 2017

이집트 미라를 소재로 한 영화는 여러 편이 있지만, 그중에서 배우 톰 크루즈가 주연한 미이라가 가장 유명하다. 특히 주인공 닉 모튼이 죽었다가 다시 살아남으로써 스스로의 부활에 대한 수수께끼를 찾아나서는 이야기는 다른 어떤 영화보다 판타지의 묘미를 잘 살렸다는 평을 듣는다.

러시아로 사라진
트로이의 유물
- 고대 그리스의 도시 국가들

신화 속 트로이가 역사가 되다

1990년대 초, 독일의 베를린 국립 박물관 측은 러시아 모스크바에 있는 푸시킨 미술관으로 편지 한 통을 보냈다.

"푸시킨 미술관이 소장하고 있는 프리아모스 유물은 원래 독일의 것이므로 반환하여 주시기를 요청합니다!"

이게 도대체 무슨 말일까? 프리아모스는 트로이의 마지막 왕이고, 트로이는 고대 그리스의 도시이다. 또한 트로이는 현재 터키 땅이다. 그런데 프리아모스 유물을 왜 러시아가 가지고 있는 걸까? 더 이해할 수 없는 것은 이것을 왜 독일이 돌려 달라고 하느냐는 것이다.

싸움의 발단은 독일의 사업가이자 고고학자인 하인리히 슐리만에게서 비롯되었다. 트로이의 유물이 발굴되기 전, 사람들은 트로이 전쟁 이야기가 신화일 뿐이라고 생각했다. 하지만 슐리만은 어릴 때부터 남다른 생각을 가지고 있었다.

'트로이 전쟁이 지어낸 이야기라고? 그럼 트로이 목마도 가짜란 말이야? 아니, 난 그렇게 생각하지 않아.'

슐리만은 성인이 되어서도 이 생각에 변함이 없었다. 마침내 그는 터키 정부의 허락을 얻어 트로이 유물 발굴에 나섰다. 유물이 발굴될 경우, 절반은 터키 정부에 귀속시키는 조건이었다.

1873년 6월 어느 날, 슐리만은 프리아모스의 왕궁으로 추정되는 성벽 밑에서 낡은 궤짝 하나를 발견했다. 궤짝을 열자 수많은 보물이 쏟아져 나왔다. 목걸이와 귀걸이를 비롯한 금빛 장신구와 항아리, 술잔 등 트로이 유물이 세상에 모습을 드러냈다.

"이것 봐! 트로이의 목마는 신화가 아니었어!"

이것을 시작으로 신화 속의 트로이가 실제 있었던 사실로 드러나기 시작했다.

그런데 문제는 그다음이었다. 욕심이 난 슐리만은 터키 정부에 발굴 사실을 알리지 않았다. 오히려 아내 소피아를 시켜 유물을 그리스로 빼돌렸다. 소피아는 이 유물을 여러 친척 집에 나누어 보관했다. 터키 정부가 이 사실을 알고 유물의 반환을 요청하자, 슐리만은 터키가 아닌 독일의 베를린 국립 박물관에 일부 기증해 버렸다. 그러면서 독일 정부에 "이 유물을 전시할 방의 이름은 내 이름을 따서 지어 주시오!"라고 요청했다.

프리아모스의 유물은 한동안 베를린에서 전시되었다. 하지만

제2차 세계 대전이 일어나고 연합군이 베를린으로 들어왔을 때, 유물이 감쪽같이 사라졌다.

"내 기억으로는 러시아군이 공격해 올 때쯤 프로이센 국립 은행 창고에 보관되어 있었어요."

"아마 그 뒤에는 베를린 동물원의 지하 창고로 옮겨졌을 거예요."

사람들은 저마다 다른 말을 했고, 이후 수십 년 동안 프리아모스 유물은 어느 곳에서도 발견되지 않았다. 그런데 뜻밖에도 이 유물이 러시아의 푸시킨 미술관에 있었던 것이다.

"제2차 세계 대전 중 베를린이 함락될 때, 러시아군이 지하 방공호에서 발견해 본국으로 가져간 것입니다."

독일은 이렇게 주장하면서 러시아 측에 유물을 반환해 달라고 끊임없이 요청했다. 푸시킨 미술관에서는 아무런 대꾸도 하지 않았다. 결국 프리아모스 유물은 엉뚱하게도 러시아에 가야 볼 수 있게 되었다.

에게 문명에서 태어난 도시 국가 폴리스

기원전 3500년경, 메소포타미아에서 비롯된 청동 기술은 에게해로 건너갔다. 에게해는 그리스와 터키 사이에 있는 바다이다. 청동 기술 덕분에 이 바다를 중심으로 또 다른 문명들이 탄생했다. 그리스 반도 남쪽을 중심으로 일어난 미케네 문명, 크레타섬을 중심으로 한 크레타 문명 그리고 트로이를 중심으로 한 트로이 문명이었다.

이 중 크레타섬은 지중해 교역의 중심을 차지하며 매우 빠르게 성장했다. 나중에 크노소스 궁전이 발굴되어 그 문명의 수준과 규모를 짐작할 수 있는데, 궁전의 크기만 동서로 170미터, 남북으로 180미터에 달했으며 배수 시설까지 완벽하게 갖추고 있었다. 하지만 기원전 1600년경 지진과 화산 폭발로 섬이 파괴되었고, 뒤이은 미케네 사람들의 침략으로 크레타 문명은 쇠퇴했다.

에게 문명의 주도권은 미케네로 옮겨졌다. 아주 호전적이었던 미케네 사람들은 더 넓은 영토를 갖고 싶어 했다. 아가멤논왕은 동생 메넬라오스가 아내를 트로이의 왕자에게 빼앗긴 사실을 알고, 이를 핑계로 트로이를 공격했다. 이때 아가멤논은 미케네 문명을 이루는 그리스의 여러 도시 국가를 끌어들여 연합군을 결성하고 트로이로 진격했다. 하지만 트로이군은 끈질기게 저항했다.

군대를 이끄는 헥토르의 뛰어난 전술에 힘입어 트로이성은 견고히
버텼고, 싸움은 무려 10년이나 이어졌다.

　그런데 그리스 연합군에는 오디세우스라는 인물이 있었다. 그
는 헥토르를 살해한 뒤, 커다란 목마에 군사를 숨겨서 남겨 두고
후퇴하는 전략으로 마침내 트로이를 점령했다. 이제 에게 문명은
한동안 그리스 사람들이 주도하게 되었다. 하지만 이후 기원전
1200년경, 철기를 다루는 도리아인들이 미케네 문명을 무너뜨리

에게 문명 : 에게해를 사이에 두고 일어난 세 개의 문명을 합쳐서 에게 문명이라 부른다.

고 그 자리에 정착했다.

도리아인들은 좁은 골짜기나 해안의 들판 곳곳에 폴리스라 불리는 작은 도시들을 세웠다. 이오니아인 등 그리스의 다른 부족들도 폴리스를 형성했다. 이들은 폴리스마다 독립적인 생활을 하면서도 같은 언어를 사용했고, 폴리스 중심지에 아크로폴리스라는 성채를 지어 함께 신에게 제사를 올렸다. 또 4년에 한 번씩 올림피아의 제우스 신전에 모여 운동 경기를 했다. 이것이 올림픽의 시작이다.

한때 폴리스는 그리스 반도에만 150개가 넘게 있었다. 지중해

고대 올림픽의 멀리뛰기 장면이 그려진 화병

연안을 따라 아프리카 대륙까지는 무려 천 개가 넘기도 했다. 이 수많은 폴리스 중에서 아테네와 스파르타가 그리스를 이끌어 갔다.

아테네는 여느 폴리스보다 빠르게 민주적 절차를 정치에 도입해 모든 시민이 참여하는 '민회'를 운영했다(여기에서 '시민'이란 성인 남성을 말한다. 여성, 외국인, 노예는 정치에 참여할 수 없었다.). 민회에서는 해마다 도편 추방제를 실시할지 말지 결정했는데, 도편 추방제란 민주 정치를 위협할 우려가 있는 인물의 이름을 도자기 파편에 써서 제출하는 일종의 비밀 투표였다. 6천 표 이상 받은 사람은 아테네에서 10년간 추방당해야 했다. 그러나 시간이 지나면서 정치적으로 반대 세력을 없애려는 목적으로 쓰이기도 했다.

그런가 하면 스파르타는 강한 나라를 만드는 것을 목표로 시민들을 어릴 때부터 혹독하게 교육하고 훈련했다. 심지어 아이들에게 배고픔을 참거나 추위를 견디는 법을 익히게 했다. 여자들에게는 위대한 스파르타 전사를 낳는 훌륭한 어머니가 되어야 한다며 특별한 교육을 했다. 이렇게까지 한 때문인지 스파르타는 한때 폴리스 중 가장 강한 나라로 발돋움하기도 했다.

그리스의 몰락을 불러온 펠로폰네소스 전쟁

서구 문명에 막대한 영향을 끼친 고대 그리스는 어째서 몰락의 길을 걷게 되었을까? 그 원인 중 하나는 페르시아와의 전쟁이었다. 그리스의 수많은 폴리스가 성장을 거듭하고 있을 때, 이미 바빌론을 점령하고 이집트까지 넘보던 페르시아는 지중해 연안의 폴리스를 하나씩 점령해 가고 있었다. 그러다 그리스 본토를 노리더니 기원전 492년 마침내 공격을 개시했다. 이때부터 페르시아는 세 차례에 걸쳐 그리스를 침략했다.

페르시아의 첫 공격은 폭풍으로 군함 300척이 침몰하는 바람에 무산되었다. 2년 뒤 페르시아의 왕 다리우스 1세가 그리스의 마라톤 평원에 상륙했다. 아테네를 중심으로 한 그리스 연합군은 밀티아데스 장군의 명령에 따라 페르시아군을 양쪽에서 파고드는 전술로 겨우 승리할 수 있었다.

기원전 480년에는 페르시아군이 육지와 바다를 동시에 공격해왔다. 이에 맞서 육지에서는 스파르타의 왕 레오니다스가 페르시아군을 테르모필레 골짜기로 유인했다. 여기서 레오니다스는 전사

300명과 함께 몇 배가 넘는 페르시아군을 물리치고 모두 전사했다. 스파르타 군대의 활약으로 그리스 연합군은 전열을 정비하고 반격할 시간을 벌 수 있었다. 해상에서는 아테네의 명장 테미스토클레스가 페르시아군의 배를 들이받는 작전으로 승리했다.

전쟁이 끝나자 아테네는 여러 폴리스를 끌어들여 델로스 동맹을 맺었다. 그리고 또 다른 전쟁에 대비하기 위해 군비를 걷고 그리스 문화를 더욱 발전시켰다. 파르테논 신전을 지은 것도 이 무렵이었다. 하지만 한편으로 아테네는 동맹의 맹주로서 권력을 휘둘렀다. 동맹 폴리스에게 강제로 돈을 걷고 정치 외교 문제까지 간섭했다. 이에 불만을 품은 일부 폴리스는 아테네를 외면하고 스파르타를 중심으로 펠로폰네소스 동맹을 맺었다.

이렇게 되자 아테네와 스파르타를 중심으로 한 그리스의 폴리스들 사이에 싸움이 일어났다. 펠로폰네소스 전쟁이라 불리는 두 동맹의 싸움은 27년이나 계속되었다. 아테네는 막강한 스파르타군을 맞아 성문을 걸어 잠그고 버티기 전술을 썼다. 그들은 성 밖으로 한 발짝도 나가지 않고 스파르타군이 물러나기를 기다렸다. 스파르타군도 성을 포위한 채 물러서지 않았다.

이 팽팽한 균형을 깨뜨린 건 뜻밖에도 흑사병이었다. 아테네 성 안에 흑사병이 돌기 시작하자 수많은 병사와 시민이 목숨을 잃어 갔다. 이런 상황에서 아테네는 흔들리기 시작했고 아테네 군사를 이끌던 알키비아데스 장군의 배신으로 더욱 불리해졌다. 스파르타는 군대를 진격시켜 아테네를 점령했다.

그러나 싸움에서 진 아테네는 말할 것도 없고, 승리한 스파르타도 국력이 바닥나기 시작했다. 그러는 사이 북방에서는 마케도니아가 그리스를 위협해 왔다. 특히 마케도니아의 왕 필리포스 2세(알렉산더 대왕의 아버지)는 영토 확장을 위해 주변의 나라들을 끊임없이 공격했다. 기원전 338년 카이로네이아 전투에서 아테네와 테베의 연합군이 필리포스 2세에게 크게 패함으로써 주도권은 마케도니아로 넘어갔다. 사실상 그리스는 멸망의 길로 들어서고 있었다.

전쟁터에 알로에를 가져간 알렉산더 대왕

– 대제국 마케도니아와 헬레니즘

만능 치료제 알로에

알렉산더 대왕이 페르시아 원정길에 오른 때는 기원전 334년이었다. 알렉산더가 이끈 군사는 보병만 3만 명이 넘었고 기병은 5천 명에 이르렀다. 문제는 이 많은 병사들이 먹을 식량과 전쟁에 필요한 자금이었다. 이때 알렉산더는 병사들을 위해 매우 파격적인 결정을 내렸다.

"왕으로서 모든 재산을 내놓겠다. 나에겐 희망만 있으면 된다!"

알렉산더는 동쪽을 향해 나아갔다. 병사들의 행렬이 길게 이어졌다. 그런데 행렬의 맨 뒤에서 가시가 뾰족뾰족 난 식물을 잔뜩 실은 수레 수십 대가 따라가고 있었다. 그것은 알로에였다.

전쟁하러 가면서 왜 알로에를 가져갔을까? 그 이유는 알렉산더의 스승인 아리스토텔레스가 "전장에 가려면 반드시 알로에를 가지고 가십시오.”라고 했기 때문이다. 그래서 알렉산더는 전쟁에 나서면서 소코트라섬(예멘의 동남쪽에 있는 섬)에서 알로에부터 거둬들였다. 소코트라섬에는 야생에서 자라는 알로에가 지천으로 널려 있었다.

알렉산더를 열세 살 때부터 가르친 아리스토텔레스는 정치와 경제는 물론 문학, 수학, 의학 등 거의 모든 분야에서 당시 최고의 학자였다. 심지어 동물과 식물에도 해박했다.

“알로에는 칼에 찔리거나 베인 상처에 특히 효과가 큰 식물입니다. 빠른 상처 회복에 도움이 될 것입니다.”

알렉산더는 부상당한 병사들의 치료를 위해 스승의 말을 따른 것이다. 실제로 알로에는 상처 치료에 큰 도움이 되었다. 알렉산더는 고마운 스승에게 선물을 보내기로 했다. 그는 동쪽으로 계속 진군하면서 따로 병사들을 모아 사냥을 하게 했다.

“눈에 보이는 동물은 모두 잡아라! 틀림없이 산 채로 잡아야 할

것이다!"

병사들은 처음에는 먹을거리를 위해 사냥을 시키는 줄 알았다. 그래서 토끼나 사슴은 물론이고, 그리스나 마케도니아에서는 볼 수 없는 동물까지 보이는 대로 모두 잡았다. 그런데 알렉산더는 병사들이 잡아 온 동물들을 먹을거리로 쓰지 않았다. 동물들을 우리에 가두었다가 스승인 아리스토텔레스에게 보냈다. 무언가 새로운 것을 연구하기 좋아했던 아리스토텔레스는 알렉산더가 보내 주는 여러 나라의 특이한 동물들을 연구하며 아주 즐거워했다. 물론 알렉산더는 아리스토텔레스에게 동물뿐만 아니라 정복한 지역의 전리품도 함께 보냈다. 아리스토텔레스는 전리품을 모아 박물관을 짓고 그곳에서 제자들을 가르쳤다.

알렉산더가 건설한 대제국

알렉산더 대왕의 첫 전투는 그라니코스강 일대에서 벌어졌다. 페르시아군은 강 건너에 있었는데, 워낙 강물이 세서 병사들은 강 건너기를 주저했다. 알렉산더는 기병대를 이끌고 선두에 서서 강을 건너기 시작했다. 그러나 강을 다 건너니 이번에는 가파른 비탈길이 막아섰고 페르시아군의 화살이 빗발쳤다.

이어 적장 두 명이 달려들었다. 뒤엉켜 싸우다가 창이 부러졌고, 적장의 칼에 투구가 벗겨졌다. 위기일발의 순간이었다. 이때 마케도니아의 명장 클레이토스가 달려와 적장을 창으로 찌르고 알렉산더를 구해 냈다. 알렉산더가 이끄는 기병대는 페르시아군을 점차

알렉산더는 4만 명의 병사로 페르시아군 60만 명과 싸워 이겼어. 정말 대단하지?

폼페이 유적에서 발굴된 〈알렉산더 모자이크〉 : 기원전 333년 알렉산더가 소아시아 반도의 이소스에서 페르시아의 다리우스 3세를 물리친 이소스 전투를 모자이크로 그린 그림이다.

격파해 나갔다.

곧이어 알렉산더는 페르시아 해군이 머물렀던 페니키아를 손에 넣었다. 가장 강력히 저항하던 티루스에도 진격해 도시를 불사르고 점령해 버렸다. 이어 이집트로 진군하자, 페르시아의 지배를 받던 이집트 사람들은 알렉산더를 구원자로 여기며 열렬히 환영했다. 심지어 알렉산더를 파라오라고 부르기도 했다. 알렉산더는 이집트에 자신의 이름을 딴 도시 알렉산드리아를 건설하고 문화 교류의 발판으로 삼았다.

이듬해에는 페르시아의 수도인 수사까지 점령했다. 그러나 다리우스 3세를 붙잡지 못하자 군대를 보내 추격하였다. 마침내 북동부 지방의 소국으로 피신한 다리우스 3세를 찾아냈지만, 이미 그곳의 총독에게 살해당한 뒤였다. 알렉산더는 동쪽으로 계속 진군해

기원전 327년, 마침내 인더스강에 도착했다. 이곳에서 알렉산더는
부하들의 충고에 따라 군대를 돌려 수사로 돌아갔다.

동서양의 문화를 융합한 헬레니즘

수사로 돌아온 알렉산더가 한 일은 무엇일까?

① 대규모 합동 결혼식

② 페르시아 방식으로 생활하기

③ 페르시아 청년 교육하기

알렉산더는 페르시아 청년들을 그리스 방식으로 교육하였다. 특히 귀족 출신 3만 명에게는 그리스 방식의 전술 훈련을 시켜 자신의 친위대로 삼았다. 마케도니아 장군들이 반대했지만 알렉산더의 뜻을 꺾지는 못했다.

이처럼 알렉산더는 그리스 문화와 페르시아의 동방 문화를 혼합해 새로운 문화를 만들었다. 이를 헬레니즘이라고 한다. 헬레니즘은 '그리스와 같은 문화'라는 뜻으로, 두 문화가 서로 영향을 주고받으며 이루어지긴 했으나 이름에서부터 정복자였던 그리스의 영향이 컸음을 알 수 있다. 알렉산더는 33살의 젊은 나이에 숨을 거두었지만 헬레니즘 문화는 그 후에도 여러 나라로 퍼져 나갔고, 인도 북부에까지 전해졌다. 그 영향을 받은 그리스풍의 불교 미술인 간다라 미술은 중국과 우리나라에까지 전해졌다.

황제를 지키는
무덤 속의 병사들
- 중국의 첫 통일 제국

수천 개의 병사 인형들

"으악, 이게 뭐야? 사람 머리 아냐?"

1974년 봄, 중국 산시성의 한 마을에서 우물을 파던 농부들이 사람의 머리처럼 생긴 것을 보고 기겁을 했다. 농부들은 이상한 생각

그런데 왜 하필 수은이었을까? 진시황은 불로장생을 꿈꾸었다. 신하들에게 먹으면 늙지 않는다는 불로초를 구해 오라고 독촉하기도 했다. 하지만 불로초는 구할 수 없었고, 절망에 빠진 진시황이 생명 연장의 마지막 수단으로 붙잡은 것이 바로 수은이었다. 의원들이 권하는 대로 수은을 몸에 바르고 먹기까지 한 진시황은 피부가 잠시 팽팽해지는 등 일시적으로 효과를 보았다. 하지만 끝내는 수은에 중독되어 목숨을 잃고 말았다.

15년 만에 무너진 최초의 통일 국가

기원전 221년 중국에 최초의 통일 국가가 등장했다. 바로 진나라였다. 이전까지 중국 땅에서는 일곱 개의 나라가 각축전을 벌이고 있었다. 진나라도 이 중 하나였다. 진시황은 막강한 군사력을 바탕으로 나머지 여섯 나라를 모두 손안에 넣고 통일을 이루었다.

진시황은 아주 강력한 중앙 집권제를 실시하고자 했다. 그래서 봉건 제도를 없애고, 여러 지역에 자신이 직접 관리를 파견했다. 반란이 일어나는 것을 막기 위해서였다. 진시황은 이조차도 못 미더워서 지역의 유력한 지배자들을 궁궐 가까이에 살게 하고 철저히 감시했다.

중국을 '차이나(China)'라고 하는 것도 바로 '진'이라는 나라 이름을 딴 거란다.

'코리아(Korea)'가 '고려'에서 온 거랑 비슷하네요.

유학을 공부하는 유생들은 이런 진시황의 정책에 반대했다.

"봉건제를 부활시켜야 합니다."

진시황은 이런 유생들이 못마땅했다. 그러던 차에 승상으로 있던 이사가 이렇게 아뢰었다.

"유생들이 사사로이 황제의 정책을 거스르는 이유는 그들이 읽고 있는 책 때문이니 책을 없애야 합니다. 올바르지 못한 책은 유생과 백성을 잘못된 길로 인도할 것입니다."

이사의 말대로 진시황은 책들을 불태우라고 명령했다. 이때 의학, 농업, 점복 등 실용적인 서적을 제외한 대다수의 책이 잿더미가 되었다. 또, 진시황은 자신을 비판한 유생들을 잡아들여 구덩이에 생매장했다.

진시황은 자신이 이룩한 통일 제국을 넘보는 흉노족을 경계했다. 진나라 북방에 살던 흉노족은 끊임없이 진나라 영토를 넘보았

진시황 때의 장성은 그리 높지 않은 흙벽이었고, 명나라 때 벽돌로 더욱 견고하게 고쳐 쌓았어.

만리장성 : 만리장성은 이전의 나라들이 각각 쌓았던 것을 진시황이 연결한 것으로, 오늘날 남아 있는 성벽은 대부분 명나라 때 쌓은 것이다. 길이는 2,700킬로미터에 이른다.

다. 진시황이 흉노족을 막기 위해 국경선에 성벽을 쌓으려 하자 신하들이 반대하고 나섰다.

"폐하, 그토록 긴 성벽을 쌓을 만한 돌을 구하기 어렵습니다."

"그래? 돌이 없다면 흙벽을 쌓아서 만들어라!"

결국 수만 명이 동원되어 밤낮으로 성벽을 쌓기 시작했다. 이것이 만리장성이다.

하지만 진나라는 오래가지 못했다. 백성들은 가혹한 통치에 시달렸고 걸핏하면 공사에 동원되어 황제를 원망했다. 그래서 진시황이 죽자마자 농민들의 반란이 일어났다. 결국 기원전 206년, 진나라는 한나라의 항우와 유방이 연합한 군대에게 멸망당하고 말았다. 진시황이 통일 국가를 일으킨 지 불과 15년 만이었다.

로마의 황제들이
폭군이 된 이유
- 로마 제국의 탄생과 발전

로마의 난폭한 황제들

병사들은 그를 '작은 군화'라는 애칭으로 불렀다. 그는 아주 예쁘장하게 생긴 매력적인 소년이었다. 모든 병사가 그를 사랑했고, 그를 위해 무엇이든 할 각오가 되어 있었다. 그는 로마 제국의 3대 황제 칼리굴라였다(칼리굴라는 '작은 군화'라는 뜻에서 온 이름이며, 본명은 가이우스 카이사르이다.). 그런데 황제의 자리에 오른 지 2년 만에 칼리굴라에게 정신 질환이 찾아왔다. 어떤 날에는 온종일 거울 앞에서 온갖 표정을 지어 보이며 울다가 웃었고, 어느 비 오는 날에는 창백한 얼굴로 궁궐 안을 뛰어다니며 소리쳤다.

"제발 살려 줘! 누가 나의 심장을 찌르려고 해!"

하루는 아침에 일어나더니 이렇게 외쳤다.

"대머리들이 마음에 들지 않아. 모두 죽여야겠어."

정말로 칼리굴라는 궁궐 안을 돌아다니며 대머리들을 닥치는 대로 죽였다. 그것도 모자라서 신하들에게 대머리가 눈에 띄면 모두 맹수 우리에 처넣으라고 명령했다. 또 얼마 후에는 철학자들이 싫다며 그들을 끌어내 죽였다. 심지어 자신의 할머니에게 "할머니는 몸의 균형이 맞지 않아요. 어서 목숨을 끊으세요."라고 말하기도 했다. 제우스의 동상을 향해서는 "허풍쟁이 영감!"이라고 외치며 머리통을 부수고 대신 자신의 얼굴 조각상을 올려놓기도 했다.

그런데 로마에는 칼리굴라에 못지않은 폭군들이 종종 있었다. 네로 황제, 코모두스 황제, 카라칼라 황제 등이다. 이들은 모두 칼리굴라처럼 함부로 사람을 죽이거나 이해할 수 없는 행동을 일삼아 훗날 정신 질환자로 의심받기도 했다. 당시 사람들은 이들의 정신병 증세가 신의 저주라고 생각했다. 그러나 1994년 한 학자

51

가 《사이언스》라는 과학 잡지에 뜻밖의 주장을 발표했다.

"로마 황제들의 정신 질환은 납 중독 때문이다!"

실제로 로마 제국에서는 매년 6만 톤에 달하는 엄청난 양의 납이 사용되었다. 무엇보다 로마 시내 여기저기에 뻗어 있던 수도관이 모두 납으로 만들어져 있었다. 로마 시민이라면 누구나 납 중독의 위험에 노출될 수밖에 없었던 셈이다. 또 온갖 장신구를 비롯해 술잔과 접시 등 생활용품 상당수도 납으로 만들어졌다. 로마의 귀족 여성들은 미백 효과를 내기 위해 납이 듬뿍 들어간 화장품을 사용하기도 했다.

로마인은 자신도 모르는 사이에 납을 먹기도 했다. 로마인이 즐겨 먹던 '사파'라는 달콤한 시럽은 납으로 만든 솥에 포도즙을 넣고 오랜 시간 끓여서 만들었다. 과즙은 산성 용액이라서 솥 표면의 납을 녹였기 때문에 사파에는 납이 섞일 수밖에 없었다.

"납 중독은 신경계의 이상을 일으켜 가볍게는 구토나 마비 증상을 일으키고 심한 경우에는 흥분과 경련은 물론 정신 착란 증상까지 초래할 수 있다."

《사이언스》에 실린 주장이 사실인지 확인할 길은 없지만, 로마의 황제와 귀족들이 사파를 탄 포도주를 하루에 1~5리터나 먹었다고 하니 납 때문에 로마가 망했다는 주장이 나올 만도 하다.

작은 도시 국가에서 로마 제국이 되기까지

기원전 753년경, 로마는 작은 도시 국가로 문을 연 뒤 왕을 몰아내고 귀족만이 아니라 시민의 생각도 정치에 반영하는 공화정을 정착시켜 나갔다. 이에 따라 호민관(평민들을 대변하던 관리) 제도를 실시했고, 평민 중에서도 집정관(행정과 군사를 맡아보던 최고 관리)이 나올 수 있도록 하는 리키니우스·섹스티우스법(기원전 367년), 평민회의 결정이 실질적인 힘을 발휘할 수 있도록 뒷받침하는 호르텐시우스법(기원전 287년)이 연이어 제정되었다.

로마는 주변을 정복해 나가며 마침내 이탈리아반도 전체를 통일했다. 이어 지중해 쪽으로도 손을 뻗었다. 하지만 이미 지중해를 장악한 카르타고와의 충돌이 불가피해서 세 차례에 걸친 전쟁을 벌여야 했다. 이것이 포에니 전쟁이다. 이 전쟁에서 로마는 카르타고의 용장 한니발에게 영토를 빼앗길 뻔한 위기를 겪기도 했지만, 결국 승리했다. 나아가 크고 작은 도시 국가를 차례로 정복함으로써 지중해를 손에 넣는 데 성공했다.

그러나 전쟁 후에는 원로원 중심의 공화정이 크게 흔들렸다. 전쟁의 주역이었던 로마의 병사 중 상당수가 농민이었는데, 이들에게는 아무런 보상이 주어지지 않아 불만이 터졌기 때문이다. 이 틈을 타서 평민파의 우두머리였던 카이사르가 집정관으로 나서서 실질적인 지배 기관이었던 원로원을 억눌렀다. 그는 같은 평민파 장군 두 사람을 더 끌어들여 세 사람이 정권을 잡는 삼두정치를 실현했다.

카이사르는 집정관의 임기가 끝나자 갈리아의 총독이 되어 그 일대를 정복함으로써 로마 시민들에게 큰 지지를 받았다. 자신이 모은 돈을 부하들에게 일일이 나누어 주어 인기도 높아졌다. 원로원은 카이사르가 힘을 갖는 것이 두려워 그의 총독 직위를 빼앗고 말았다. 분개한 카이사르는 병사를 이끌고 로마로 진격했다.

"주사위는 던져졌다!"

이 말을 하고 나서 카이사르는 갈리아와 로마의 경계인 루비콘 강을 건넜다. 그리고 경쟁자였던 폼페이우스까지 물리친 뒤 기원전 46년 로마의 독재관이 되었다. 이후 카이사르는 시민들을 의식해 문화와 예술을 지원하고 하층민을 배려하는 등 선정을 베풀었다.

원로원은 이런 카이사르가 마음에 들지 않았다. 그가 왕이 되려고 한다는 소문마저 돌자 그의 부하 브루투스를 시켜 암살했다. 그 후 카이사르의 부하였던 안토니우스가 권력을 잡는 듯했다. 하지만 안토니우스는 이집트 방문길에 만난 클레오파트라에게 반해 로마 시민을 돌보지 않았다. 전쟁터에 그녀를 데려가거나 아예 이집

미모 하면 나지!

오, 저 당당한 아름다움!

이름부터 멋져.

역시 정답은 외국어야! My name is Mi Nam!

클레오파트라

사실 클레오파트라는 뛰어난 미인은 아니었어. 목소리가 예쁘고 말을 세련되게 했지. 또 5개 국어에 능통해서 사람들을 자기 편으로 끌어들였단다.

플루타르코스

트에 머무는 등 이해할 수 없는 행동을 거듭했다. 결국 카이사르의 공식 후계자였던 옥타비아누스가 군대를 이끌고 이집트로 달려갔다. 옥타비아누스는 안토니우스와 클레오파트라의 군대를 물리치고 돌아왔다. 그는 로마 시민들에게 크게 환영받았고, '존엄한 자'라는 뜻의 아우구스투스라는 칭호를 받았다. 그리고 마침내 로마제국의 첫 번째 황제가 되었다.

한동안 로마에는 평화가 찾아왔다. 아우구스투스는 제도를 개선하고 출산 장려 정책을 펼쳤고, 전쟁을 자제하여 시민들이 불안해하지 않도록 애썼다. 덕분에 로마는 경제적으로 풍족해졌고 지중해 연안의 최대 강국으로 성장했다. 하지만 황실 내부에서는 칼리굴라

로마의 원형 경기장 콜로세움 : 콜로세움은 싸움을 관람하기 위해 만들어진 경기장이다. 가운데에 있는 광장에서 검투사나 맹수가 싸움을 벌이면 둥글게 계단식으로 된 관람석에서 사람들이 구경을 했다. 4층의 관람석에 5만여 명이 들어갈 수 있다. 경기 도중 목숨을 잃는 사람이 많았기 때문에 검투사들의 입장에서나 오늘날의 시각으로 보면 매우 잔인하지만, 고대로마 시대에는 시민들이 함께 관람하며 일체감을 느끼는 일종의 공공 스포츠였다.

(3대 황제) 때부터 네로(5대 황제) 때까지 암투가 끊이지 않았다. 이 과정에서 칼리굴라는 살해당하기까지 했다.

위기는 계속되었다. 기원전 64년 로마에 대화재가 발생했다. 당시 14개 구역으로 나뉘어 있던 로마는 열 곳이 불에 타거나 그을렸고, 5분의 3이 넘는 인구가 집을 잃었다. 민심은 극도로 나빠졌다. 네로 황제는 화재가 기독교인들 탓이라며 대대적인 탄압에 들어갔다. 그래도 민심은 수습되지 않았다. 결국 네로 황제는 반란군에게 쫓겨 스스로 목숨을 끊었다. 그런가 하면 10대 황제 티투스 때에는 폼페이의 베수비오 화산이 폭발해 수많은 시민이 목숨을 잃었다. 화산 폭발이 잦아든 다음에는 곧바로 전염병이 돌아 황제마저 죽음을 피하지 못했다.

같이 볼까?

쿼바디스 머빈 르로이 감독, 1955

네로 황제의 모습이 잘 그려진 동시에 로마 시대의 전차 경주가 아주 실감나게 묘사된 영화이다. 영화의 주인공은 네로 황제가 아니라 비니키우스 장군이고, 그가 사랑하는 연인을 구하는 모험을 다루지만, 네로 황제가 기독교인을 박해하고 불을 지르는 내용도 생생하다.

코끼리가 알프스산맥을
넘을 수 있을까?
- 로마와 카르타고의 포에니 전쟁

코끼리 부대를 이끌고 알프스를 넘다

"뭐라고요? 코끼리를 사겠다고요? 대체 뭘 하려고요?"

"알프스산맥을 넘을 겁니다. 과연 코끼리가 산을 넘을 수 있을 지 시험해 보려고요."

1959년 이탈리아 토리노 동물원에 한 청년이 나타나 엉뚱한 제 안을 했다. 그 옆에는 머리가 희끗한 두 사람이 서 있었다. 동물원 의 사육사는 어처구니없는 말에 고개를 갸웃거릴 뿐이었다. 청년 은 케임브리지 대학에 다니는 존 호이트였다. 그리고 옆에 있던 사 람은 수의사, 또 한 사람은 제2차 세계 대전에 참전했던 존 히크만 대령이었다.

"왜 코끼리를 끌고 알프스산맥을 넘으려고 하는지 물어봐도 되 겠소?"

궁금해하는 사육사에게 호이트는 닳고 닳은 책 한 권을 꺼내 한 페이지를 펼쳐 보였다.

카르타고의 장군 한니발은 로마를 공격하기로 마음먹었고 보병 7만 명, 기병 1만 명, 코끼리 37마리를 준비했다. 그런데 뜻밖에도 알프스산맥을 넘는 육로를 통해 로마를 공격하겠다고 결정했다.
…… 마침내 병사 수만 명과 코끼리 수십 마리가 눈 덮인 알프스를 넘기 시작했다. 거센 바람과 추위가 몰아쳤다. 병사들은 굶주림과 추위에 떨었고 코끼리는 좁디좁은 산길을 오르느라 힘에 겨운 모습이었다. 결국 지친 병사들은 하나둘씩 낙오하기 시작했다. 코끼리도 한두 마리씩 뒤처졌다. 그러나 한니발 장군의 격려로 병사들과 코끼리들은 마침내 알프스를 넘었다.

"이게 뭐 어떻다는 겁니까?"
"거짓말 같지 않습니까? 춥고 험준한 알프스를 코끼리가 어떻게 넘을 수 있겠습니까? 코끼리는 평지에 사는 동물이라 평발입니다. 게다가 열대 지방에 사는 동물이고요. 우리는 정말로 한니발 장군이 코끼리를 끌고 알프스를 넘었는지 확인하고 싶습니다."
세 사람의 생떼 같은 요구에 동물원에서는 마지못해 코끼리 한 마리를 팔았다. 덕분에 코끼리를 앞세우고 알프스로 향할 수 있었다. 이때 수의사가 말했다.
"아무래도 난 사육장에서만 살던 코끼리가 걱정됩니다. 추위를

견딜 수 있도록 코트를 만들어 입혀야겠어요. 부츠도 신기고요."

수의사의 말대로 탐험대는 코끼리에게 옷을 만들어 입히고 신발까지 신겨 준 다음 알프스를 넘기 시작했다.

결과는 성공적이었다. 비록 코끼리의 체중이 25킬로그램이나 빠졌지만 탐험대는 열흘 만에 알프스를 무사히 넘었다. 이들의 실험으로 사람들은 한니발 장군의 코끼리가 실제로 알프스를 넘었다고 믿게 되었다.

로마를 위협한 한니발 장군

카르타고는 지중해를 사이에 두고 이탈리아반도와 마주 보고 있었다. 그 사이에 시칠리아섬이 있었는데, 기원전 256년 카르타고와 로마는 이 섬을 두고 크게 부딪쳤다. 로마는 지중해를 손에 넣기 위해 시칠리아가 꼭 필요했다.

　처음에는 해군력이 우세한 카르타고가 주도권을 쥐는 듯했다. 이때 카르타고에서 한니발의 아버지 하밀카르 장군이 용병들과 함께 싸워 성과를 올리기도 했다. 그러나 시칠리아는 로마에 넘어가고 말았다. 하밀카르는 전쟁 배상금을 마련하고 로마에 복수하기 위해 에스파냐로 옮겨 가 국력을 키웠다. 그의 소망은 아들에게 이어졌고, 한니발은 아버지가 죽은 뒤 카르타고의 총독이 되었다. 병사들은 자신들과 함께 훈련하고 잠자며 형제처럼 지내는 한니발을 존경하며 따랐다.

　기원전 218년 봄, 한니발은 보병 7만 명, 기병 1만 명, 코끼리 37마리를 앞세우고 로마 원정에 나섰다. 그런데 뜻밖에도 그가 택한 길은 뱃길이 아니라 육로였다. 장수들이 반대하고 나섰다.

　"배를 타면 고작 100킬로미터입니다. 그런데 그 거리의 열 배가 넘는 길을 걸어서 가겠다는 말입니까?"

　"로마는 육군이 강한 나라지만 이제는 해군도 만만치 않아 해상에서 싸우면 우리도 큰 손실을 볼 것이다. 또, 저들은 우리가 바다로 침공할 것이라 생각하기 때문에 육로로 가면 적의 눈을 피할 수 있다."

　하는 수 없이 카르타고의 병사들은 머나먼 길을 걷고 또 걸었다. 병사들은 지쳐 갔고 사기도 바닥에 떨어졌다. 알프스산맥 아래에 도착했을 때는 이미 2만 명의 병사들이 겁을 먹고 도망가 버린 뒤였다.

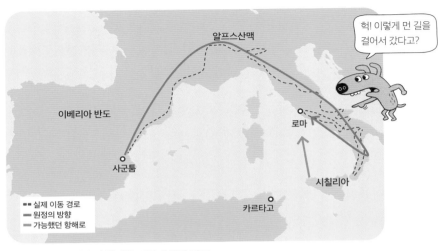

알프스산맥

이베리아 반도

로마

헉! 이렇게 먼 길을 걸어서 갔다고?

사군툼

시칠리아

카르타고

■■ 실제 이동 경로
■ 원정의 방향
■ 가능했던 항해로

2차 포에니 전쟁 때 한니발 장군의 원정 경로

한니발은 남은 병사들을 향해 외쳤다.

"나의 병사들이여, 이 산을 넘으면 로마로 진격할 수 있다. 저 산이 아무리 높아도 하늘에 닿아 있겠는가? 우리는 반드시 저 산을 넘어 로마의 땅에 다다를 것이다. 나와 함께 가지 않겠는가?"

그 말에 병사들은 산을 올랐고, 코끼리들도 힘차게 뒤따랐다. 마침내 한니발은 알프스를 넘어 포강 앞에 이르렀다. 그제야 카르타고의 진군 사실을 알게 된 로마는 급히 군대를 보냈지만 한니발의 상대가 되지 못했다. 어떤 날은 코끼리에 짓밟혔고, 또 어떤 날은 치고 빠지는 한니발의 작전에 속수무책으로 당했다.

사실 코끼리를 앞세워 이긴 전투는 이전에도 많았다. 알렉산더 대왕도 그랬고, 한니발의 아버지 하밀카르도 반란군을 제압할 때 코끼리 부대를 동원했다. 프랑스의 작가 귀스타브 플로베르는 코끼리 부대에 대해 이렇게 말했다.

"코끼리들은 비늘 모양의 쇳조각을 단 갑옷을 입고 있었고, 상아는 아주 뾰족하게 다듬어져 있었다. 정강이를 감싼 갑옷에는 수없이 많은 단검이 꽂혀 있었고, 코끝에는 날이 넓고 날카로운 칼을 쥐고 있었다. 녀석들은 상아를 휘둘러 적진을 휘저었고 코의 칼로 적을 베었다. 코끼리 떼가 지나가면 적군들은 썩은 나뭇가지가 부서지듯이 한꺼번에 두세 사람이 짓밟히며 나가떨어졌다."

로마군은 특히 칸나이 전투에서 크게 패했다. 이 전투에서 로마군은 무려 8만 명의 병력을 보내 카르타고 군대를 공격했다. 우선 한니발 장군이 있는 중앙군을 집중 공격했다. 하지만 한니발은 모든 병력을 초승달 모양으로 서게 하여 가운데에 들어선 로마군을 포위하듯 공격하는 전법을 썼다. 이 작전에 말려든 로마의 보병 3만 5천 명과 기병 1만 7천 명이 그 자리에서 전사하고 말았다. 달아난

마치 손으로 감싸 쥐듯이 로마군을 포위하고 있어.

이순신 장군이 펼친 학익진이랑 비슷한 거 같은데?

병사를 제외하고 고작 1만 4천 명만 로마로 돌아갔다. 로마 시민들은 공포에 떨었다.

하지만 명장 한니발의 운은 거기까지였다. 카르타고 병사들도 3만 명밖에 남지 않게 되자 한니발은 본국에 지원을 요청했다. 하지만 카르타고에서는 지원하기를 꺼렸다.

"한니발이 자신의 명성을 이용해 왕이 되려 한다."

이런 말도 떠돌아 신하들은 한니발을 극도로 경계했다. 이듬해가 되어서야 겨우 기병 4천 명과 코끼리 40마리를 보내 주었다.

로마는 카르타고의 분열을 틈타 새로운 작전을 짰다. 카르타고 본토를 직접 공격하기로 한 것이다. 스키피오가 이끄는 로마군은 순식간에 카르타고 해안에 도착했다. 다급해진 카르타고는 한니발에게 급히 돌아오라는 명령을 내렸다.

카르타고에 돌아온 한니발은 기원전 202년 스키피오와 마지막 전투를 벌였다. 하지만 병력이 스키피오 군대의 절반도 안 되는 수준이라 크게 패하고 말았다. 이후 한니발은 로마에 복수할 날을 기다렸지만, 동맹국의 배신으로 스스로 목숨을 끊고 말았다.

"아아, 카르타고여! 나를 용서해 다오!"

끝까지 카르타고를 위해 싸웠던 한니발은 죽어 가면서도 이렇게 외쳤다.

카르타고의 비극은 여기서 끝나지 않았다. 기원전 149년 로마와 마지막 전쟁이 벌어졌고 카르타고는 완전히 망하고 말았다. 성문을 걸어 잠그고 4년 동안 버텼지만 로마를 당해 낼 수는 없었다. 스

키피오는 총공격을 퍼부어 성안을 불바다로 만들었고, 포로 5만 명
을 노예로 팔아 버렸다. 또 잔인하게도 나무와 풀까지 모두 불태웠
고 소금을 뿌려 풀 한 포기 자라지 못하게 만들었다. 이로써 카르타
고는 역사 속으로 사라졌다.

미꾸라지가
승리의 비결
- 삼국 시대의 혼란과 적벽대전

날씨를 이용한 제갈공명의 지혜

"미꾸라지가 물 위로 들락거리고 있군요."

"무슨 말씀이십니까?"

"계속 저러는 걸 보니 아마 동남풍이 불지 않을까 싶소만……."

"아, 그렇군요. 곧 강가에 안개가 자욱해지겠네요."

양쯔강 한편에서 허름한 차림새의 어부와 제갈공명이 자꾸만 물 위로 올라오는 미꾸라지를 보면서 한가로이 대화를 나누고 있었다. 겉으로 보면 평화롭기 그지없는 모습이었다.

하지만 그 시간 강 건너편에는 조조가 80만 대군을 이끌고 진을 친 상태였다. 이들은 당장이라도 수천 척의 배를 몰고 강을 건너올 태세였다. 손권과 연합한 유비는 풍전등화의 위기에 처해 있었다. 그런데 연합군의 책사이자 당대 최고의 전략가가 한가로이 어부와 날씨 얘기나 하고 있다니.

"적의 배를 한꺼번에 불태워 버릴 수만 있다면……."

연합군이 승리할 수 있는 길은 그것밖에 없어 보였다. 마침 위나라 쪽에서도 이 점을 걱정하는 사람이 있었다. 하지만 조조는 단호하게 말했다.

"이 지역에서는 겨울에 북서풍이 분다. 그런데 손권과 유비는 동남쪽에 있지 않느냐. 저들이 바람을 거슬러 우리 배에 불을 지를 수는 없을 것이다."

그런데도 제갈공명은 동남풍이 불 것을 확신했다. 미꾸라지를 보고 내린 결론이었다. 며칠 후 제갈공명의 말대로 강하게 불던 북서풍이 멈추고 한동안 바람 하나 없이 잔잔하더니 어느새 강가에 안개가 자욱하게 끼었다. 그리고 정말로 동남풍이 불기 시작했다. 이 바람을 이용해 손권과 유비의 연합군은 조조의 배를 모두 불사르고 큰 승리를 거두었다.

제갈공명은 어떻게 동남풍이 불 것을 알았을까? 훗날 기상학자들은 양쯔강 유역에서 아주 드물게 이동성 고기압이 지난 후에 저기압이 발달한다는 사실과, 바로 이때 저기압의 앞면에서 동남풍이 분다는 사실을 알아냈다.

그렇다면 미꾸라지는 어떤 힌트를 준 것일까? 미꾸라지는 입으로 공기를 들이마시고 항문으로 이산화탄소를 내보내는 창자 호흡을 하기 때문에 기압에 아주 민감하다. 그래서 기압이 낮아지면 산소를 들이마시기 위해 자주 수면으로 올라온다. 어부는 그동안

의 경험을 통해 미꾸라지와 날씨의 상관관계를 눈치채고 있었을
것이다. 제갈공명 역시 다른 자연 현상, 이를테면 구름의 모양 같
은 것으로 날씨의 변화를 예견하고 있다가 미꾸라지를 보고 확신
했던 것이 아닐까?

혼란 속에 일어선 세 나라

역사상 두 번째로 중국을 통일한 한나라는 흉노족을 서쪽으로 몰

아낸 뒤 비단길을 개척하여 유럽으로 가는 길을 열었다. 남쪽으로는 베트남 북부를, 동쪽으로는 한반도 일부까지 침범하며 천하를 호령하는 듯했다. 하지만 한 무제가 죽자 급격히 힘을 잃고 황실의 외척(어머니 쪽의 친척)인 왕망에게 멸망당하고 말았다. 왕망은 새로이 신나라를 세웠지만, 다시 유수(광무제)에 의해 무너졌다. 이때부터 중국 대륙은 여러 나라로 쪼개져 다툼을 벌이는 혼란의 시대로 접어들었다.

광무제는 지방 호족의 도움을 얻어 후한을 세웠다. 그런데 이 호족이 문제였다. 호족들은 드넓은 땅을 소유하여 많은 부를 축적하였고, 이들의 횡포로 농민들은 굶주림에 시달렸다. 그러나 후한의 황실은 문제를 해결할 능력이 없었다. 후한의 황제들은 대체로 오래 살지 못해 외척 세력이 대신 나라를 다스리는 경우가 많았다. 광무제(62세)와 그의 아들(48세)만 오래 살았을 뿐이다. 황실에서는 외척 세력을 견제하기 위해 환관을 권력의 중심으로 끌어들였다. 그런데 갈수록 환관의 횡포가 심해져 백성들의 불만이 쌓여 갔고, 그 와중에 홍수와 가뭄이 번갈아 찾아왔다. 역사책《사기》에는 당시에 대해 이렇게 기록되어 있다.

"쌀값이 치솟아 밥을 먹지 못하는 사람이 많았으며, 힘없는 노인들은 길가에 버려졌고, 심지어 서로 잡아먹으려는 사람도 생겨났다."

기댈 곳이 없던 농민들은 신흥 종교에 빠졌고, 그 가운데서도 태평도가 힘을 얻었다. 태평도는 주문을 외워서 신에게 용서를 구하고 부적을 태운 재를 물에 타서 마시면 병이 낫는다는 말을 퍼뜨려 사람들을 모았다. 태평도를 창시한 장각은 자신을 '신이 보낸 사자'라고 칭했다. 오래지 않아 태평도는 신도가 13만 명에 이르렀고, 결국 반란을 일으켰다. 반란에 참여한 사람들이 모두 황색 두건을 쓰고 있어서 황건적이라고 불렀다. 조정은 반란을 진압하려고 애썼지만 황건적은 장소를 옮기면서 30년 동안이나 나라를 혼란에 빠뜨렸다.

결국 이 혼란을 틈타 여러 세력이 힘을 키워 나갔다. 특히 북부 지방을 차지한 조조와 그의 아들 조비의 활약이 돋보였다. 조조의 세력은 인구도 가장 많고 군사력도 압도적이었다. 남쪽에는 토착 세력과 손잡은 손권과, 제갈공명을 비롯해 장비와 관우의 도움을 얻은 유비가 세력을 형성하고 있었다.

조조는 천하 통일의 꿈을 안고 80만 대군을 앞세워 남쪽으로 내려오기 시작했다. 손권과 유비는 서로 힘을 합쳐 양쯔강 남쪽 기슭에서 조조와 맞섰다. 이곳이 바로 적벽이었다. 이때 제갈공명은 남동풍이 불 것을 미리 알고 손권의 장수 황개를 시켜 백기를 꽂은 배를 이끌고 조조의 진영으로 가게 했다. 조조군은 손권과 유비의 연합군이 항복하는 줄 알고 환호했다. 황개는 계획한 대로 마른 짚과 갈대가 가득 실려 있던 배에 불을 질렀다. 때마침 동남풍이 불어 조조군의 배에 불이 옮겨붙었고 삽시간에 불태워 버렸다.

조조군의 배가 순식간에 불타 버린 데에는 조조의 책임이 컸다. 물 위의 전투에 익숙하지 않았던 조조는 배가 출렁대지 않도록 배를

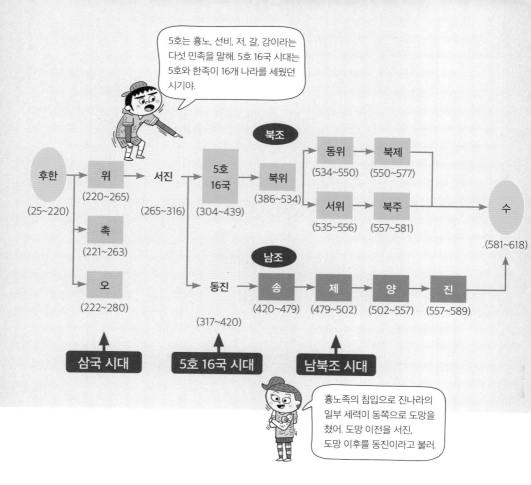

서로 연결해 묶어 놓았던 것이다. 조조는 대부분의 군사를 잃고 도 망쳐야 했다. 이와 같이 208년에 벌어진 적벽대전은 조조의 참패로 끝났다.

조조의 아들 조비는 220년에 위나라를 세우고 스스로 황제가 되었다. 221년에는 유비가 촉나라를 세웠고, 이듬해에는 손권이 오 나라를 세워 대륙은 세 나라로 갈라졌다. 그러나 유비와 제갈공명 이 죽자 촉나라는 급속하게 쇠퇴했고, 위나라 사마염의 공격을 받 아 멸망하고 말았다. 기세가 오른 사마염은 주군을 배신하고 스스로 황제에 올라 진나라를 세웠고 곧이어 오나라까지 멸망시켰다. 하지만 진나라 역시 오래가지는 못했다. 중국 북부에는 다섯 개의 유목 민족과 한족이 열여섯 개의 크고 작은 나라를 세우며 5호 16국 시대를 열었다. 이 나라들을 북위가 통일했지만, 곧 네 개의 나라로 다시 분열되었다. 남쪽에서도 흉노족에게 쫓긴 진나라 세력 일부가 동진을 세웠지만, 송, 제, 양, 진 순서로 나라가 바뀌었다. 이후 589년에 수나라가 중국 대륙을 다시 통일했다.

같이 볼까?

적벽대전(1·2) 오우삼 감독, 1부: 2008, 2부: 2009

삼국 시대 이야기는 수많은 영화와 드라마에서 소재로 이용되었다. 이 영화는 그중 적벽대전이라는 역사적 전쟁을 실감 나게 묘사했다. 1부는 '거대한 전쟁의 시작', 2부는 '최후의 결전'이라는 부제가 있으며, 2부에서 펼쳐지는 유비와 손권 연합군의 화공 장면은 특히 더욱 생생하다.

기원전

3500년경
• 메소포타미아 지역에서 인류 최초의 문명이 시작되었다.

3000년경
• 이집트 문명이 시작되었다.

2500년경
• 중국의 황허 문명, 인도의 인더스 문명이 발생했다. 특히 인더스강 하류에서 발견된 모헨조다로와 상류에서 발견된 하라파 도시 유적은 철저한 계획하에 건설된 것으로 생각된다. 넓은 길이 바둑판처럼 나 있고 길과 길 사이에 집들이 즐비했던 것으로 보인다. 이 집들에서는 구운 벽돌을 사용한 흔적과 배수로 시설까지 발견되어 이곳의 문명이 매우 발달했음을 알 수 있다. 또 이때 사람들은 고대 문자를 사용한 것으로 보인다. 인더스 문명은 기원전 1700년경~1500년경 사이에 몰락했는데, 그 원인은 알려지지 않았다.

1750년경
• 바빌로니아에서 《함무라비 법전》이 완성되었다.

1200년경
• 트로이 전쟁이 일어났다.

1046년경
• 중국 대륙에 주나라가 건국되었다.

10세기경
• 유럽에 폴리스가 성립되었다.

770년경
• 중국에서 춘추 전국 시대가 시작되었다. 춘추 전국 시대는 바로 직전의 주나라가 이민족의 침입과 내란으로 도읍을 낙읍으로 옮기면서 시작되었다. 춘추 시대에는 제, 진, 초, 오, 월 다섯 나라가 겉으로는 주나라 왕실을 섬기면서 세력을 키워 갔다. 시간이 지나자 이들은 노골적으로 서로를 견제하면서 영토를 확장하고 이를 위해 전쟁까지 하게 된다. 이 시대를 전국 시대라고 하는데, 이때는 위, 한, 조, 연, 제, 초, 진 일곱 개의 나라가 겨루었다. 춘추 전국 시대에는 싸움도 잦았지만, 부국강병을 위해 많은 노력을 하여 여러 방면에서 발전을 이루었다. 철제 농기구를 사용하고 소를 농사에 이용하는 등 농업이 발달하면서 생산량이 크게 늘었다. 또한 공자와 맹자, 노자, 장자, 한비, 묵자 등 수많은 사상가가 출현하였고, 이들은 유가와 도가, 법가, 묵가 등의 사상을 크게 발전시켰다.

671년경
• 아시리아 왕국이 서아시아 왕조를 통일했다.

753년	· 로마가 건국되었다.
431년~404년	· 펠로폰네소스 전쟁이 벌어졌다.
334년	· 알렉산더 대왕이 동방 원정의 첫발을 내디뎠다.
317년경	· 인도에서 마우리아 왕조가 북인도를 통일했다. 알렉산더 대왕의 동방 원정이 한 차례 인도 북부를 휩쓸고 간 뒤, 찬드라굽타는 알렉산더 대왕이 남기고 간 군대를 물리치고 펀자브 지방을 손에 넣었다. 그리고 곧장 인도 북쪽으로 나아가 새 왕조를 일으켰다. 이것이 마우리아 왕조이다. 찬드라굽타는 이후 북으로는 히말라야 부근까지, 동쪽으로는 뱅골만에 이르는 영토를 차지한 뒤, 댐과 수로를 만들게 해서 농사를 장려했다. 이후 찬드라굽타의 손자인 아소카는 이웃 국가를 하나씩 점령하여 영토를 더 넓혀 나갔다. 그리고 정복지마다 기념물을 세우고, 그곳에 자비와 선행과 관련된 내용을 적게 하여 백성들을 그에 따라 다스렸다. 심지어 아소카는 노비와 하인은 물론 짐승까지도 사랑하는 마음으로 대해야 한다고 가르쳤다. 또한 불교를 널리 퍼뜨리는 데 힘써서 정복지의 수많은 사람들이 불교를 믿게 되었다.

아소카왕은 원래 아주 잔혹한 왕이었다. 그런데 피 흘리고 죽어 가는 병사들을 보고 도대체 무엇을 위해 이 많은 사람이 죽어야 하는지 생각하게 되었대.

너희도 동물을 사랑으로 대하라는 아소카왕의 가르침을 좀 배우라고!

그래서 그 뒤로 자비로운 왕이 되려고 애썼구나.

아소카왕 석주(돌기둥) : 아소카왕은 인도 북부 지역의 불교 성지에 기념으로 돌기둥을 세웠는데, 10~13미터 높이에 사자, 소 등이 새겨져 있다. 현재 30개 정도가 남아 있다.

221년	• 진나라가 중국을 최초로 통일했다.
73년	• 로마에서 스파르타쿠스의 난이 일어났다. 로마의 콜로세움에서 벌어진 검투사 경기는 일종의 오락이었다. 하지만 검투사들에게는 목숨이 달려 있었고, 이들은 "나는 기꺼이 채찍을 맞고 칼에 찔려 죽겠습니다."라는 맹세를 해야 했다. 그럼에도 그들의 싸움에는 보답도 영광도 없었다. 대부분 포로나 노예, 죄수들이 검투사가 되었다. 스파르타쿠스는 로마군이었다가 탈출해 붙잡힌 뒤, 무예 솜씨가 뛰어나 검투사가 되었다. 그는 70여 명의 검투사들과 함께 검투사 양성소를 탈출한 뒤 카푸아 지역 일대에서 농장과 광산의 노예를 모아 함께 반란을 일으켰다. 한때는 병력이 12만 명에 달했을 정도로 기세가 대단했으나 결국 크라수스의 군대에 패하였다.
기원 후 25년	• 후한이 건국되었다.
1세기경	• 인도에서 쿠샨 왕조가 들어섰다.

일본이 벼농사를 짓기 시작할 즈음부터 도왜인이 큰 도움을 주었대. 도왜인은 한반도나 중국에서 일본으로 건너간 사람들이야.

• 일본에 야마토 정권이 수립되었다. 일본 열도에 처음으로 '구니'라 부르는 작은 나라들이 탄생한 것은 2세기 전이었다. 이들은 서로 다툼을 벌이다가 30개국으로 통합되었고, 조금 더 시간이 지나자 이들이 연합한 형태의 나라가 탄생했다. 이 나라가 바로 야마토국이다. 야마토국은 안팎으로 큰 싸움 없이 한동안 평화롭게 발전했다. 권력을 노리던 호족들이 있었으나, 쇼토쿠 태자가 관직의 체계를 개편하고 17조에 달하는 헌법을 제정하면서 평화를 유지해 나갔다. 더불어 중앙 집권 체제를 강화하기 시작했다. 이즈음에 고구려와 백제를 통해 불교가 전래되었고, 승려를 비롯 인재를 초청해 문화를 발전시켰다. 고구려의 담징이 호류사의 금당 벽화를 그렸고, 백제의 승려 혜총은 왕실의 스승이 되어 학문을 가르쳤다. 이 시기 크게 융성한 문화를 아스카 문화라 부른다.

그렇게 오래전부터 일본에 갔었단 말이야?

313년	• 밀라노 칙령으로 크리스트교가 공인되었다.
395년	• 로마가 동서로 분열되었다. 테오도시우스 황제가 두 아들에게 로마를 둘로 쪼개어 나누어 주었기 때문이다.
330년	• 비잔티움을 로마 수도로 정하였다.
476년	• 서로마 제국이 멸망했다.

- 2장 -

세계로
뻗어 가는
아시아와
이슬람 세계

날씨 때문에
무너진 제국
- 로마의 멸망

흉노족이 찾던 풀 한 포기

"결국 로마의 멸망은 날씨 탓이다!"

1907년 미국의 지리학자 엘즈워스 헌팅턴은 《아시아의 맥박》이라는 책에 뜻밖의 말을 남겼다. 역사학자들은 로마의 멸망이 민족의 대이동 때문이라고 본다. 즉 중앙아시아의 훈족이 서쪽으로 이동하면서 이에 압박을 받은 고트족과 반달족 등 게르만계의 여러 부족이 로마의 영토를 침범했기 때문이라는 것이다. 그런데 헌팅턴은 이 민족의 대이동이 날씨 때문이라고 주장했다. 대제국의 멸망이 날씨 때문이라니, 대홍수라도 있었던 것일까? 아니면 빙하기라도 찾아왔던 걸까? 그게 아니라 로마의 멸망을 가져온 민족의 대이동은 저 멀리 아시아 땅의 바짝 말라 버린 풀 때문이었다. 그 시초는 몽골 초원에 살던 흉노족이었다.

흉노족은 중국의 첫 통일 왕조인 진나라 때부터 이미 국경을 넘어와 마을을 약탈하고 주민들을 괴롭혔다. 진시황은 흉노족을 막기 위해 만리장성을 쌓았다. 그래도 침략이 끊이지 않자, 한나라 때는 대대적인 정벌이 이루어졌다. 흉노족은 한나라의 군대를 당해 내지 못했다. 잘 훈련된 한나라 군대의 지속적인 공격도 큰 타격이었지만, 무엇보다 몇 년에 걸쳐 이어진 가뭄과 강추위가 문제였다. 백성들과 군사들이 죽고, 곡식이 열리지 않았으며, 말을 먹일 풀 한 포기조차 자라지 않았다. 이즈음 흉노족은 백성의 3분의 1과 가축의 절반을 잃었다.

이런 재난 중에 공격을 받은 흉노족은 풀 한 포기 자라지 않는 땅을 버리고 서쪽으로 이동하기 시작했다. 강거(오늘날의 카자흐스탄 지역)를 지나 더 서쪽으로 나아가 유럽의 북동쪽 끝인 돈강(러시아

서남부에 있는 강)을 거쳐, 375년 무렵에는 도나우강(독일, 오스트리아,
헝가리 등을 지나 흑해로 흘러드는 강)이 흐르는 평원을 점령했다. 이때
부터 이들을 훈족이라고 불렀다.

이즈음 게르만족은 흑해 연안에 거주하고 있었다. 하지만 상당
수의 게르만족은 훈족의 압박을 못 이겨 도나우강을 건너 로마로
밀고 들어왔다.

"훈족 본 적 있어요? 귀신이 울부짖는 소리를 내면서 피에 굶주
린 짐승처럼 사람을 죽여요."

"반항하는 적장의 목을 베고 두개골에 술을 따라 마신대요."

훈족에 대한 소문은 어떤 야만족의 이야기보다 끔찍했다. 하지
만 훈족이 찾고 있었던 것은 단지 말과 가축에게 먹일 풀이 자라는
땅이었다.

훈족의 압박에 떠밀린 게르만족은 로마로 밀려 들어갔다. 고트족
(동게르만계의 한 부족)이 4일 동안 로마를 점령하기도 했고, 이후 반

달족(게르만의 한 부족)이 휩쓸고 지나갔다. 결국 로마는 게르만족에 의해 완전히 파괴되었다.

로마의 평화 시대와 분열

네로 황제와 티투스 황제의 어두운 시기를 지나 로마는 오현제(다섯 명의 현명한 황제) 시대를 맞이했다. 네르바 황제(재위 96년~98년)부터 마르쿠스 아우렐리우스 황제(재위 161년~180년) 때까지 로마는 평화의 시절을 보냈다. 1세기 말부터 오현제 시대까지 약 200년 동안을 로마의 평화라는 뜻의 '팍스 로마나(Pax Romana)'라고 부른다.

오현제의 첫 번째 황제인 네르바는 무엇보다 황제 자리를 놓고 권력 투쟁을 벌이는 일을 막았다. 친자식이 아니어도 유능한 사람을 양자로 삼아 후계자로 선포하는 새로운 전통에 따라 로마의 평화와 오현제 시대가 이어질 수 있었다.

뒤를 이은 트라야누스 황제는 활발한 정복 전쟁을 통해 로마 역사상 최대의 영토를 확보했다. 다음으로 하드리아누스 황제는 그 영토를 안정적으로 다스리는 데 힘썼다. 그는 황제로 재위하던 기간의 절반을 로마 영토 구석구석을 돌아다니며 시찰하는 데 썼다. 특히 곳곳에 성을 쌓아 이민족과의 충돌을 막았다. 그 자리를 이어받은 안토니누스 피우스 황제는 청렴하기로 유명했다. 그는 '경건한 자'라는 칭호를 받을 만큼 검소했고, 모든 일을 공평무사하게 처리해 백성들의 칭송을 받았다.

모든 길은 로마로 통한다!

파리, 빈, 런던도 팍스 로마나 시절에 만들어졌대.

로마로 통하는 도로를 만들면서 "모든 길은 로마로 통한다!"는 말이 생겼구나.

이 도로 덕분에 로마 문화가 유럽 전체로 퍼져 나갔단다.

문제는 오현제 중 다섯 번째인 마르쿠스 아우렐리우스 황제 때 일어났다. 물론 황제 자신은 잦은 이민족의 침입을 물리치며 로마를 잘 지켜 냈다. 특히 병사들의 막사를 직접 돌아보며 격려할 만큼 인자한 황제였다. 하지만 네르바 황제가 정한 규칙을 무시하고 친아들인 코모두스에게 황제 자리를 물려주었다.

코모두스는 아버지처럼 현명하지도 인자하지도 않았다. 그는 정치에 관심이 없었고 사치스러운 생활을 즐겼다. 그래서 반란이 일어났는데, 여기에 누이동생까지 가담하는 바람에 황실이 혼란스러워졌다. 폭군으로 돌변한 코모두스는 자기 눈 밖에 난 신하는 귀족과 평민을 가리지 않고 처형했다. 그런가 하면 자신의 조각상을 곳곳에 세우고 이렇게 외쳤다.

"나를 숭배하라!"

이렇게 난폭하고 무모하게 행동하던 코모두스는 직접 검투사가 되어 싸우기도 하고 사자를 활로 쏘아 죽이기도 했다. 그러다가 결국 레슬링 선수에게 목이 졸려 죽고 말았다.

이때부터 로마 황실은 암투가 끊이지 않았고 종말의 그림자가 드리워졌다. 코모두스에 버금가는 카라칼라 황제가 등장해 포악한 정치를 펼쳤으며, 그 뒤로는 약 50년 동안 스물여섯 명의 군인이 황제로 추대되고 물러나기를 반복했다. 물론 로마의 부활을 위해 힘쓴 황제가 없지는 않았으나, 암투에 휘말려 뜻을 이루지 못했다. 대부분의 군인 황제들은 원로원과 귀족의 눈치를 살피며 군대의 허수아비 역할을 하는 데 그쳤다.

뒤이어 로마에는 두 가지 크나큰 위기가 찾아왔다. 하나는 로마의 분열이었다. 테오도시우스 1세(재위 379년~395년)가 로마를 둘로 나누어 두 아들에게 물려주면서 로마는 동로마와 서로마로 나뉘고 말았다. 이를 계기로 로마는 강력한 힘을 잃게 되었다. 서로마는 동로마보다 인구가 적었다. 나라를 지킬 군인이 부족했던 서로마는 게르만족 등의 용병을 끌어들이지 않을 수 없었다. 용병을 쓰려면 돈이 많이 필요했고, 황실은 이 돈을 세금으로 충당하려 했다. 가난한 시민들이 세금을 피해 서로마를 떠나기 시작했고, 결국 서로마의 국력은 현저하게 약해지고 말았다.

또 하나는 본격적으로 시작된 민족의 대이동이었다. '신의 채찍'

이라 불리는 훈족이 남하하면서 훈족에게 쫓긴 고트족이 서로마의 국경을 넘기 시작했다. 이때 서로마의 황제들은 적절한 대책을 세우지 못해 서고트족의 반란을 부르기도 했다. 서로마의 국력은 약해질 대로 약해졌다. 그러던 476년, 게르만족 용병 대장인 오도아케르가 군대를 끌고 와 황제를 끌어내리면서 서로마는 역사 속으로 사라졌다.

같이 볼까?

로마 제국의 멸망 안소니 만 감독, 1964

다큐멘터리 같은 제목에 걸맞게, 로마 제국의 멸망이 내부의 분열에서 1차적으로 시작되었음을 잘 보여 주는 영화이다. 마르쿠스 아우렐리우스 황제부터 그의 아들 코모두스가 왕위를 계승한 뒤에 벌어지는 폭정 등이 역사적 사실을 바탕으로 잘 묘사되었다.

마르코 폴로는
진짜로 중국에 다녀왔을까?
- 몽골 제국의 세계 정복

《동방견문록》은 사실일까, 거짓일까?

그 책은 경이롭고도 신비했다. 이 세상 어디에도 없을 것 같은 이
야기가 담겨 있었다. 한 장 한 장 넘길 때마다 탄성이 터져 나왔고
사람들은 놀라움을 금치 못했다. 그도 그럴 것이 유럽인에게는 미
지의 세계였던 몽골 제국의 다양한 모습이 아주 상세히 기록되어
있었기 때문이다.

14세기 초, 마르코 폴로의 《동방견문록》을 본 사람들은 그 내
용을 믿지 않았다. 심지어 죽음을 앞둔 마르코 폴로에게 친구들
이 "자네가 쓴 내용이 모두 거짓이라고 고백하게!"라고 말할 정
도였다. 그러나 마르코 폴로는 고개를 저으며 말했다.

"거짓이 아니야. 나는 내가 본 것의 절반밖에 그 책에 담지 못했
다네!"

그런데 10여 년 전 서구의 한 학자가 《마르코 폴로는 중국을 다녀왔는가?》라는 책을 써서 논란을 일으켰다. 사실 일부 학자들은 마르코 폴로의 책에 대해 예전부터 의심을 하고 있었다.

"마르코 폴로는 중국에 가 본 적이 없어요."

"맞아요! 동서양을 오가는 상인들의 이야기를 주워듣고 그걸 모아서 책을 쓴 거죠."

마르코 폴로가 중국을 오가는 상인들의 말만 듣고 마치 자신이 다녀온 것처럼 책을 썼다는 주장이었다. 실제로 그의 아버지는 동서양을 오가는 상인이었고, 마르코 폴로 역시 세계 각국의 상인들이 쉴 틈 없이 오가는 베네치아 공화국에서 오랫동안 살았다. 즉 동서양을 오가는 사람들을 통해 여러 나라의 사정을 알 수 있었다는

마르코 폴로의 여행 경로(1271년~1295년)

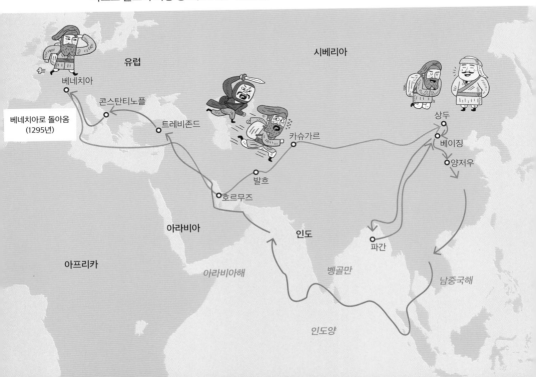

말이다.

그렇다고 해서 이런 사실이 그의 책이 거짓이라는 주장의 근거가 될 수는 없다. 근거는 다른 데에 있었다. 중국을 여행하는 사람이라면 반드시 마주치게 되는 만리장성이나 한자, 차에 대한 언급이 없다는 것이다. 또 마르코 폴로가 양저우에서 3년간 벼슬을 했다고 주장했지만, 중국의 기록 어디에도 그에 대한 서술이 없었다.

더 이상한 부분도 있었다.

"여기 좀 보세요. 이 책을 보면 마르코 폴로는 몽골군이 샹양이란 곳을 함락시킬 때 자신이 알려 준 방식으로 투석기를 만들어 사용했다고 쓰여 있어요. 그런데 이곳은 마르코 폴로가 중국에 가기 전에 이미 함락된 곳이라고요."

의혹은 또 있었다.

"마르코 폴로라는 사람이 실제로 있기나 한 걸까요? 도대체《동방견문록》이라고 알려진 책마다 내용이 조금씩 달라요."

틀린 말은 아니었다. 유럽 사람들 사이에 떠돌아다니던《동방견문록》은 원본이 존재하지 않았다. 저마다 "이게 마르코 폴로가 처음 쓴 것과 똑같은 책이에요!"라고 주장했지만, 사람들이 갖고 있던 책은 모두 원본이 아니라 필사본이었다. 당시에는 아직 인쇄술이 발달하지 않아서《동방견문록》은 누군가가 받아 적고, 그것을 다른 사람이 다시 받아 적는 방식으로 퍼져 나갔다. 그때마다 내용이 추가되거나 과장되거나 혹은 빠지기도 했다. 지금까지 남아 있는 사본만 120종이나 된다.

그래서 마르코 폴로라는 인물 자체가 아예 허구의 인물이라고 주장하는 사람들도 있다. 하지만 작가가 중국에 가지 않았다면 쓸 수 없는 내용이 많아서 아직은 마르코 폴로의 《동방견문록》을 사실로 보고 있다. 《동방견문록》은 책의 첫머리인 서편으로 시작해 모두 7편으로 이루어져 있다.

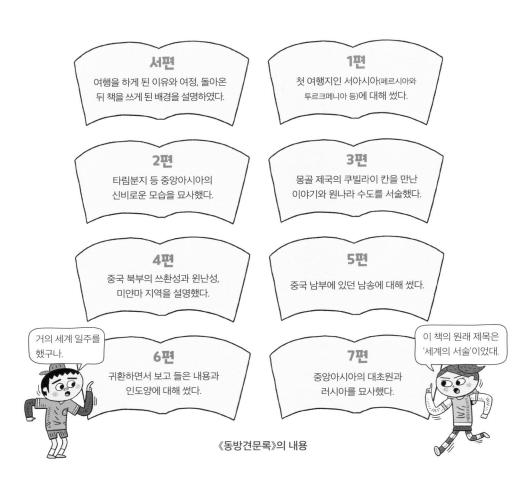

서편
여행을 하게 된 이유와 여정, 돌아온 뒤 책을 쓰게 된 배경을 설명하였다.

1편
첫 여행지인 서아시아(페르시아와 투르크메니아 등)에 대해 썼다.

2편
타림분지 등 중앙아시아의 신비로운 모습을 묘사했다.

3편
몽골 제국의 쿠빌라이 칸을 만난 이야기와 원나라 수도를 서술했다.

4편
중국 북부의 쓰촨성과 윈난성, 미얀마 지역을 설명했다.

5편
중국 남부에 있던 남송에 대해 썼다.

거의 세계 일주를 했구나.

이 책의 원래 제목은 '세계의 서술'이었대.

6편
귀환하면서 보고 들은 내용과 인도양에 대해 썼다.

7편
중앙아시아의 대초원과 러시아를 묘사했다.

《동방견문록》의 내용

아시아에서 유럽까지 정복한 몽골 제국

유럽에서 중세가 시작될 무렵, 몽골의 초원에서는 칭기즈 칸이 부족들을 통일하고 우두머리가 되었다. 그는 날쌔고 용맹한 기마대를 앞세워 서하를 먼저 정복했다. 그리고 곧바로 여진족이 세운 금나라를 노렸다. 칭기즈 칸과 몽골 부족은 금나라에 원한이 많았다. 몽골 사람들이 여러 부족으로 나뉘어 초원을 떠돌 때 여진족이 끊임없이 괴롭혔기 때문이다. 특히 칭기즈 칸 이전의 부족장들은 금나라에 끌려가 참혹하게 죽임을 당하기도 했다. 그들은 죽어 가면서 이런 유언을 남겼다.

"온몸이 닳아 없어지더라도 반드시 복수해 다오!"

마침 금나라가 먼저 몽골 부족의 땅에 건너왔다. 점점 세력이 커지는 몽골을 경계하기 위한 조치였다. 칭기즈 칸은 기회가 왔음을 직감하고 1211년 공격 명령을 내렸다. 그의 뒤를 아들인 주치, 차가타이, 오고타이, 톨루이도 따랐다.

"나의 아들들이여, 몽골의 병사들이여! 오래전부터 묵은 원한을 풀 때가 왔다. 진격하라! 반항하는 자는 모두 베어라!"

몽골군은 날렵하고 거친 기병을 앞세워 단숨에 만리장성까지 내달렸다. 이때까지도 금나라 황제는 몽골군의 공격을 하찮게 여기고 정면으로 맞섰다. 그러나 결과는 참패였다. 몽골군은 거센 파도처럼 나아가 곳곳에 있던 금나라 군대를 모두 물리치고 이듬해 북경(베이징) 앞에 진을 쳤다. 뒤늦게 몽골군의 위력을 깨달은 금나라 황제는 부랴부랴 말 3천 필과 어린아이 500명을 보내 칭기즈 칸을 달랬다.

칭기즈 칸은 일단 후퇴했다. 네 아들이 더 공격하기를 바라자 그는 이렇게 말했다.

"어차피 금나라는 곧 우리 손에 들어온다. 말 3천 필이면 우리 기병을 더 보완할 수 있으니 이 정도면 됐다."

그리고 이번에는 중앙아시아 쪽의 호라즘으로 향했다. 호라즘은 동서를 오가는 중요한 길목에 있던 나라였다. 물론 처음부터 호라즘을 공략하려던 것은 아니었다. 오히려 무함마드 국왕에게 많은 선물과 함께 사절단을 보내 친교를 요청했다. 하지만 호라즘의 관리가 사절단을 첩자로 오해해 모두 죽이고 말았다. 뒤이어 보낸 사절단도 강제로 수염을 깎이는 등 모욕을 당하고 돌아왔다.

칭기즈 칸은 더 이상 참지 못하고 1219년에 공격 명령을 내렸다. 몽골군 20만이 호라즘의 국경 도시 오트라르에 이르렀다. 오트라르는 칭기즈 칸이 보낸 첫 번째 사절단이 학살당한 곳이기도 했다. 이곳에서 호라즘 병사들은 성에 들어가 시간을 끌었지만 5개월을 채 버티지 못하고 몽골군에게 몰살당했다. 사절단을 학살한 총독 이날추크에게는 특히 잔혹한 형벌이 내려졌다.

"그자의 눈과 귀에 끓는 은을 부어 고통스럽게 죽게 하라!"

이어 칭기즈 칸은 호라즘의 중심 도시 사마르칸트로 나아갔다. 이곳에는 호라즘의 용병 5만 명이 버티고 있었지만, 몽골군의 상대가 되지 않았다. 몽골군은 단숨에 이들을 격파하고 주민 대부분을 살해했다. 다만 특별한 기술을 가진 장인 3만 명만 살려 두었다.

몽골군은 호라즘의 모든 도시들을 쑥대밭으로 만들었다. 무함마드왕은 뒤늦게 도망을 쳤지만 카스피해의 작은 섬에서 자신의 처지를 한탄하며 죽어 갔다.

"아, 그토록 넓은 땅을 다스리던 내가 이 몸 하나 눕힐 곳을 찾지 못하고 죽는구나!"

몽골군의 진군은 여기서 멈추지 않았다. 그들은 캅카스산맥을 넘어 남러시아와 페르시아를 짓밟았고, 뒤이어 크림반도와 볼가강 유역에 이르렀다. 이 모든 일은 칭기즈 칸이 몽골의 지도자가 된 지 20년도 되지 않아 일어났다.

칭기즈 칸이 사망하고 새로운 칸에 즉위한 오고타이는 1224년 마침내 금나라를 멸망시켰다. 그리고 맏형 주치의 차남인 바투를 원정군 사령관에 임명해 본격적인 유럽 원정을 개시했다. 곧 몽골군은 블라디미르의 대공 유리 2세가 이끄는 러시아군을 물리치고 모스크바와 키예프 대공국까지 단숨에 초토화시켰다.

이 기세를 몰아 바투의 몽골군은 폴란드를 통과하여 독일의 슐레지엔까지 나아갔다. 이때 슐레지엔의 왕 하인리히 2세는 독일과 폴란드 등의 연합군 3만 명을 이끌고 의기양양하게 몽골군과 맞섰다. 그러나 유럽에서 명성이 높은 기사단도 몽골군에게는 힘을 쓰지 못했다. 하인리히 2세의 군대는 참패했다. 몽골군은 유럽의 기사단과 병사들의 시신에서 귀를 잘라 탑처럼 쌓았다. 그러나 부다페스트를 점령하고 오스트리아로 나아간 몽골군은 더 이상

1. 뛰어난 기동성

몽골군은 최소한의 무장만 해서 아주 빠르게 달렸다. 기록에 따르면 카라코룸(몽골 제국 초기의 수도)에서 헝가리의 수도까지 말을 타고 7일 만에 도착했다.

2. 비가 퍼붓듯이 쏟아지는 화살

몽골군은 적을 만나면 그쪽 하늘로 엄청난 화살을 쏘아서 공포감을 조성했다. 화살에 맞아 죽는 병사도 많았다. 적의 사기가 떨어지면 그때 본격적으로 공격했다.

3. 치고 빠지는 작전

말을 타고 끊임없이 회전하면서 화살을 쏘는 기술이다. 몽골 기병들은 말을 탄 채 뒤돌아서 화살을 쏠 수 있었다.

4. 공포 분위기 조성

몽골군은 잔인하기로 유명했다. 일단 한 마을을 점령하면 기술자들만 빼고 모두 죽였다. 그래서 귀를 잘라 자루에 담거나 머리를 잘라 탑을 쌓기도 했다.

나아가지 못했다. 하필이면 그때 본국에서 오고타이 칸의 사망 소식이 들려왔기 때문이다. 바투는 말머리를 돌려 카라코룸으로 돌아갔다.

원나라를 건국한 쿠빌라이 칸

칭기즈 칸은 죽기 전 맏아들 주치에게 남러시아 땅(킵차크한국)을 물려주었고, 둘째 아들 차가타이에게는 중앙아시아 지역(차가타이한국)을 주었다. 그리고 셋째 아들 오고타이에게는 알타이 평원(오고타이한국)을 나누어 주었다. 막내아들 툴루이에게는 정복지를 주지 않고, 카라코룸을 포함한 원래의 몽골 영토를 물려주었다. 막내에게 카라코룸을 상속하는 게 그들의 전통이었다.

그런데 문제는 칭기즈 칸이 죽은 뒤에 일어났다. 오고타이가 새로운 칸의 자리에 올랐지만 칸이면서도 카라코룸을 지배하지 못한 것이다. 그래서 툴루이는 상속받은 카라코룸을 모두 헌납하여 자칫 싸움으로 번질 위기를 막았다. 툴루이는 훗날을 기약했다. 마침내 오고타이가 죽었을 때 툴루이 가문에 기회가 왔다. 툴루이에게는 몽케, 쿠빌라이, 훌라구 등 용맹하고 지혜로운 아들들이 있었다. 게다가 주치의 아들 바투가 이들을 지원하고 있었다. 하지만 툴루이의 아내가 고개를 저었다.

"아직 때가 아닙니다."

그러는 사이 오고타이의 아들 귀위크가 새로운 칸이 되었다. 그런데 귀위크는 3년 만에 죽어 버려 다시 기회가 왔다. 이때 바투는

몽골 제국의 최대 영토

오고타이 가문의 반대에도 불구하고 툴루이 가문을 도와 장남 몽
케를 새 칸으로 세웠다. 그리고 몽케의 뒤를 이어 쿠빌라이가 몽골
제국의 다섯 번째 칸으로 즉위했다. 쿠빌라이는 남녘에 남아 있던
송나라를 완전히 멸망시키고 중국 땅 전체를 손안에 넣었다. 북경
을 새 도읍으로 정하고 국호를 원(元)으로 고친 쿠빌라이는 대제국
황제의 면모를 갖출 수 있었다.

실크로드를 따라 수많은 상인이 오가고 동서 문물의 교류가 활
발해지면서 원나라는 점차 번성했다. 쿠빌라이는 이 변화를 매우
바람직하게 생각했다.

'몽골이 정복한 땅이 얼마나 넓으며, 얼마나 다양한 사람들이 살

고 있는가? 그들과 함께 어우러지고 그들의 재주를 모아 더 나은 나라를 만들어야 한다.'

이런 생각에서 쿠빌라이는 외부 민족인 색목인에게도 벼슬을 주고, 한족이라도 학식이 풍부하면 불러다 학문을 연구하게 했다. 페르시아 출신의 과학자도 불러오고 서양인 선교사를 맞이하기도 했다. 마르코 폴로가 원나라 땅을 밟은 시기도 이즈음이었다.

마르코 폴로를 만난 쿠빌라이는 그에게 벼슬을 주고 여러 도시를 여행하게 하며 소소하게 의견을 물었다고 한다. 그렇게 17년을 머무르다가 마르코 폴로는 페르시아로 떠나는 공주를 따라 베네치아로 돌아갔다. 그 뒤《동방견문록》을 썼다. 정확히는 마르코 폴로가 이야기를 하고 루스티첼로가 이를 받아 적었다. 이 책으로 수많은 유럽 사람들이 원나라를 알게 되면서 중국 땅의 존재를 다시 한번 깨달을 수 있었다.

세계 탐험에 나선 명나라 함대
- 명나라의 탄생과 발전

콜롬버스보다 먼저 세계를 탐험하다

그의 배가 첫 출항을 한 것은 1405년이었다. 함선이 62척, 병사 2만 7,800여 명에 항해 기간은 2년 4개월이었다. 그의 배 중 큰 것은 길이 137미터, 폭이 56미터에 무게는 약 1,250톤이었으며, 돛대는 아홉 개나 달려 있었다.

'그'는 누구일까? 혹시 콜럼버스? 아니다. 콜럼버스가 에스파냐 이사벨 여왕의 후원을 받고 세계 일주에 나선 것은 1492년이었다. 콜럼버스가 탄 배의 무게도 고작 233톤에 불과했다.

콜럼버스보다 87년이나 앞서 세계 일주에 나선 사람은 유럽 사람이 아닌 중국 명나라의 환관이자 장수였던 정화였다. 기록에 따르면 정화는 명나라 3대 황제인 영락제의 명을 받아 일곱 번이나 거대한 함대를 이끌고 세계 탐험에 나섰다. 그들은 3천여 곳을 방

1415년 정화가 중국으로 가져온 기린. 소말리아에서 가져온
기린을 벵골 술탄이 명나라 황제에게 공물로 보낸 것이다.

문했는데, 오늘날을 기준으로 해도 약 37개 나라에 이른다. 또, 대
형 선박을 포함해 크고 작은 배 240여 척이 항해에 동원되었다. 이
에 비해 콜럼버스는 세 척의 범선에 탑승 인원도 고작 90명에 불
과했다.

　정화는 이 함대를 이끌고 가까운 베트남과 인도네시아부터 태
국, 인도를 비롯해 사우디아라비아와 아프리카 케냐의 스와힐리

그림으로 봐도 위세가 대단해 보이네.

정화의 원정 600주년을 기념하는 중국 우표

해안까지 간 것으로 알려졌다. 이 과정에서 수많은 나라와 교역을 했고, 기린 등 서역의 신기한 동식물과 물건들을 명나라로 가져왔다. 또 여러 나라의 왕자와 사신들이 정화의 배를 타고 명나라를 찾아와 황제를 알현하고 국교를 맺었다.

명나라의 전성기를 이끈 영락제

원나라 말엽, 황제 자리를 두고 다툼이 이어지면서 조정은 뿌리째 흔들렸다. 그런 와중에도 농민에 대한 수탈은 계속되었다. 특히 강남 지역 농민들의 불만이 컸고, 이들은 마침 유행처럼 번지던 백련교에 빠져들었다.

"곧 이 피폐한 세상을 구원하기 위해 새로운 미륵불이 도래하실 것이다. 우리가 앞장서서 새로운 세상을 만들어야 한다."

이런 주장에 수많은 농민들이 모여들더니 마침내 반란을 일으켰다. 무리를 이끌고 나선 사람은 황각사의 승려 주원장이었다. 그

1392년 황태자가 죽자 홍무제는 어린 손자를 황태손으로 책봉했다. 6년 뒤 홍무제가 죽자 황태손은 황제로 즉위해 건문제가 되었다.

홍무제의 넷째 아들 주체는 건문제가 자신을 견제하자 반란을 일으켜 스스로 황제가 되었다. 그가 바로 영락제이다.

황실에 가 보니 건문제가 보이지 않았다. 영락제는 건문제를 찾기 위해 곳곳에 군사들을 보냈다.

정화가 항해를 떠난 것도 건문제를 찾기 위해서였다는 설이 있다.

는 또 다른 반란 무리인 장서성의 군대까지 흡수하고 남경(난징)에서 새 나라를 열었다.

"나라의 이름은 명(明)이라 하고, 연호는 홍무로 한다! 나는 이제 북으로 가 몽골인들을 몰아낼 것이다."

이렇게 명나라 1대 황제가 된 주원장은 군사 25만 명을 이끌고 북쪽으로 향했다. 얼마나 기세등등한지 원나라군은 싸워 보지도 않고 달아나거나 항복해 버렸다. 원나라 조정도 수도인 대도(오늘날의 베이징)를 버린 채 몽골 초원의 카라코룸으로 달아났다. 홍무제(주원장의 황제 칭호)는 곧 개혁에 착수해 세금을 줄이고, 원나라의 풍습을 금지했으며, 제도를 정비했다. 이 과정에서 성리학이 지배 이념으로 자리 잡았고, 명나라는 빠르게 안정을 찾아 갔다.

특히 3대 황제 영락제 때 명나라의 국력과 위상이 크게 신장했다. 영락제는 반란을 일으켜 조카를 비롯한 수많은 이들을 죽이고 힘겹게 황제가 되었다. 황제가 된 뒤 도읍을 북경으로 옮겼고, 여러 나라와 교역함으로써 명나라를 전 세계에 널리 알렸다. 이때 중요한 역할을 한 것이 정화의 남해 원정이었다. 1405년에 출발한 정화의 함대는 모두 일곱 차례나 세계를 누볐다. 베트남과 인도네시아, 인도와 아라비아, 아프리카 동쪽 해안까지 누볐지만 정화는 가는 곳마다 비교적 평화롭게 무역의 길을 열었고, 그 과정에서 중국이라는 나라를 세상에 알렸다.

그러나 영락제가 세상을 떠난 뒤 남해 원정은 중단되었다. 그리고 시간이 지날수록 나라 안팎에서 문제가 드러나기 시작했다. 밖에서는 몽골과 왜구가 끊임없이 괴롭혔고, 안에서는 환관 세력이 왕실을 위협했다. 또 북방의 오이라트족을 토벌하러 간 6대 황제 정통제가 적의 포로가 되기도 했고, 11대 황제 가정제 때는 수도인 북경이 한때 타타르족에게 위협받기도 했다.

그러는 동안 일본이 조선을 침략했다. 명나라는 조선의 요청으

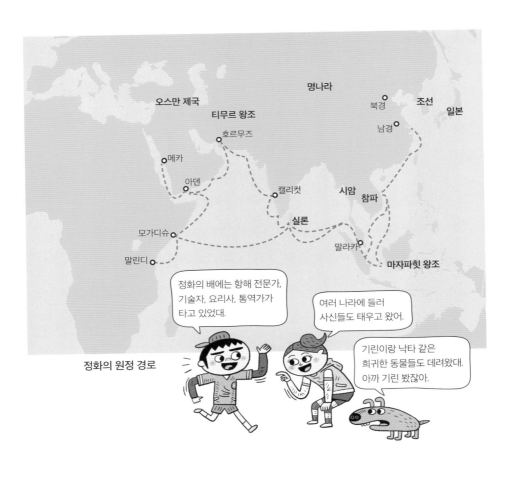

정화의 원정 경로

정화의 배에는 항해 전문가, 기술자, 요리사, 통역가가 타고 있었대.

여러 나라에 들러 사신들도 태우고 왔어.

기린이랑 낙타 같은 희귀한 동물들도 데려왔대. 아까 기린 봤잖아.

로 군대를 파견했는데, 이 과정에서 국가 재정이 과다하게 지출되어 큰 타격을 입었다. 명의 지원군 파견은 조공국인 조선을 보호한다는 명분도 있었지만, 일본이 조선을 거쳐 명나라를 침략하는 것을 막기 위한 실질적인 목적도 있었다. 이에 더해 북방에서는 여진족이 후금을 일으켜 명나라에 큰 위협이 되었다. 결국 조정은 부족한 국가 재정을 메꾸기 위해 농민들에게 과도한 세금을 부과했다. 이런 상태가 계속되자 원나라 말기에 그랬던 것처럼 농민들이 반란을 일으켰다. 이자성이라는 인물은 북경까지 들어와 스스로를 왕이라 부르기도 했다. 이때 명나라의 마지막 황제인 숭정제는 궁궐에서 달아나다가 결국 스스로 목숨을 끊었다.

배가 왜 산으로 올라갔을까?
- 동로마 제국의 멸망과 오스만튀르크의 발전

천 년의 성을 무너뜨린 메메트 2세

1453년 봄, 동로마 제국의 수도 콘스탄티노폴리스는 오스만튀르크 군대에게 완전히 포위당했다. 육지에는 10만 명이 넘는 군대가, 바다에는 2천 척의 배들이 도시를 에워싸고 있었다. 특히 이들을 이끄는 술탄(오스만튀르크의 황제를 이르는 말) 메메트 2세는 젊고 용맹했으며 전쟁터에 나가서 단 한 번도 패배한 적이 없었다. '정복자'라는 별명을 가진 그는 천 년 동안 딱 두 번밖에 점령당한 적이 없던 콘스탄티노폴리스를 무너뜨리겠다고 벼르고 있었다.

마침내 메메트 2세의 공격 명령이 떨어졌다. 헝가리 기술자 우르반이 제작한 거대한 대포가 불을 뿜었다. 이 대포는 길이만 대략 8미터, 무게는 19톤에 이르렀다. 우르반 대포를 운반하기 위해서는 60마리의 황소와 수레 30대가 필요했고, 수백 명이 동원되어 수레

가 지나갈 길을 새로 닦아야 했다. 우르반 대포의 위력이 얼마나 대단한지 단단하던 성벽도 포탄 한 방에 쩍쩍 갈라졌다. 하지만 거기까지였다. 우르반 대포는 크고 화력은 좋았지만 적중률이 떨어졌고, 하루에 일곱 번밖에 쏠 수 없었다. 더구나 포를 쏘고 난 뒤에는 열을 견디지 못해 포신이 녹아내렸다. 그래서 동로마 제국의 병사들은 일단 성벽이 포를 맞으면 재빨리 보수해 다음 공격에 대비했다.

메메트 2세는 이번에는 술탄의 친위대인 예니체리 부대를 앞세워 성을 공격했다. 예니체리 부대는 일당백의 전사들이었지만 겹겹으로 막고 선 성벽을 뚫기는 쉽지 않았다. 마지막 남은 방법은 시간을 끌어 성안에 갇힌 사람들이 스스로 나오기를 기다리는 것이 었다. 그런데 그 방법도 통하지 않았다.

문제는 금각만이었다. 금각만은 콘스탄티노폴리스 동쪽에 있는 만으로, 위쪽은 흑해로 흐르고 아래쪽은 지중해와 닿아 있었다. 콘스탄티노폴리스 주위의 육지와 바다 모두 오스만튀르크가 포위하고 있었지만, 단 한 군데 금각만 안으로는 들어갈 수가 없었다. 콘스탄티노폴리스 쪽에서 금각만 입구를 쇠사슬로 막아 놓고 있었기 때문이다. 그래서 배가 진입하려 해도 쇠사슬에 걸려 번번이 실패하였다. 이 틈을 노려 콘스탄티노폴리스는 흑해 쪽의 도시들로부터 식량을 비롯한 물품들을 보급받았다.

이제 더 이상은 방법이 없는 것처럼 보였다. 그런데 메메트 2세가 뜻밖의 명령을 내렸다.

예니체리는 콘스탄티노폴리스 함락 때 가장 큰 공을 세운 술탄의 정예 부대로, '새로운 군대'라는 뜻이다. 그들은 술탄에게 목숨 바쳐 충성했다. 처음에는 노예나 전쟁 포로로 구성되었다가 나중에는 기독교 가정에서 남자아이를 데려다 개종하여 훈련시켰다. 선발된 아이들은 혹독한 훈련을 받았고, 전쟁터에서 술탄의 호위를 맡았다.
예니체리로 선발된 후에는 결혼을 할 수 없었고, 평생 군인으로 살아야 했다. 물론 특수한 부대였던 만큼 보수가 높았고 다양한 특권을 누렸다. 하지만 엄격한 선발 과정이 폐지되고 지위가 친인척에게 세습되면서 점차 훈련을 받지 않고 특권만 누리게 되었다. 부패 집단이 된 예니체리는 급기야 19세기 초에 반란을 꾀했고, 결국 해체되었다.

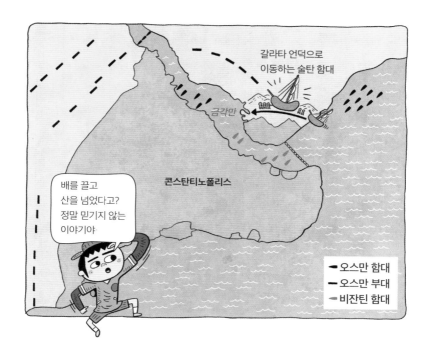

"배를 산으로 올려 보내서 금각만으로 들어가라."

술탄의 명령에 따라 배가 산으로 올라가기 시작했다. 수많은 병사들이 갈라타 언덕 위에 널따란 길을 내고 그 아래에 기름을 잔뜩 바른 통나무를 깔았다. 그리고 배를 통나무 위에 올려 언덕으로 끌어올렸다. 수십 척의 배가 산을 넘어와 금각만으로 진입했다. 이제 콘스탄티노폴리스로 가는 모든 통로가 차단되었고, 곧 오스만튀르크의 공격이 시작되었다.

완전히 고립된 콘스탄티노폴리스는 오래 버티지 못했다. 예니체리를 앞세운 오스만튀르크 군대가 도시로 들이닥쳤다. 성 소피아 성당에서 마지막 기도를 드린 사람들은 채 빠져나오지 못하고 오스만 병사들에게 학살당했다. 며칠 뒤, 메메트 2세는 성 소피아 성당에서 이슬람식의 첫 기도를 올렸다.

영토를 확장하고 법을 만들다

12세기 무렵만 해도 오스만족은 중앙아시아 일대를 떠돌던 유목민이었다. 그러나 칭기즈 칸의 몽골군이 서쪽으로 진출해 오자 소아시아 쪽으로 옮겨 가 그곳에서 튀르크 부족들을 모았다. 그리고 1299년 오스만 1세가 나라를 세운 뒤 꾸준히 영토를 확장해 나갔다. 이 나라를 오스만튀르크 또는 오스만 제국이라고 불렀다. 오스만 1세는 아나톨리아를 시작으로 발칸반도 쪽으로 세력을 넓혀 1450년경에는 콘스탄티노폴리스 부근까지 이르렀다.

1453년에는 메메트 2세가 동로마 제국의 마지막 영토이자 수도인 콘스탄티노폴리스를 공격했다. 오스만 제국은 처음에는 요새화된 도시를 정복하는 데 애를 먹었지만 예니체리 부대의 활약으로 1천 년 동안 이어져 온 동로마 제국을 멸망시키고 콘스탄티노폴리스를 수도로 삼았다. 도시 이름을 이스탄불로 바꾼 뒤에는 거대한 모스크(이슬람 사원)를 지어 제국의 위용을 자랑했다.

오스만 제국의 영토 확장은 여기서 멈추지 않았다. 그들은 발칸반도를 차지하더니, 나아가 아프리카 일부까지 손에 넣었다. 메메트 2세의 증손자로 10대 술탄이 된 술레이만 1세는 유럽 쪽으로 눈을 돌렸다. 1526년 술레이만 1세는 예니체리를 앞세워 헝가리를 향해 진군했다. 총 10만 명의 병사가 그를 따랐다. 선발대는 도나우

■ 17세기 오스만 제국의 영역

강변의 페트로바라딘 요새를 공격하여 손에 넣었고 곧장 모하치 평원에 이르렀다. 뒤늦게 헝가리군이 달려왔지만, 오스만군은 이미 평원의 언덕을 점령한 채 적을 기다리고 있었다. 수적으로 열세였던 헝가리군은 크게 패해서 1만 5천 명이 목숨을 잃었다. 이때 헝가리 국왕은 부상당한 채 달아나다가 늪에 빠져 죽고 말았다.

술레이만 1세는 군대를 더 서쪽으로 진군시켜 오스트리아의 빈을 포위했다. 그러나 이스탄불로부터 지원받기가 쉽지 않아 빈을 점령하지 않고 평화 협정을 맺었다. 이것만으로도 유럽인들을 공포로 몰아넣기에 충분했다.

"오스만튀르크는 오늘날 전 세계의 살아 있는 공포다!"

당시 유럽 사람들 사이에서 이런 말이 떠돌 정도였다.

술레이만 1세는 지중해 해상으로도 진출했다. 먼저 지중해 동부의 로도스섬을 차지하고 알바니아 해변 프레베자에서 기독교 국가들의 연합 함대와 싸웠다. 이때 오스만 해군은 적의 배 200여 척을 침몰시키고 승리를 차지했다. 트리폴리와 튀니지, 알제리 지역이 오스만 제국의 손아귀에 들어온 것도 이때쯤이었다. 거기에다 바그다드와 소아시아 동부 지역까지 손에 넣은 술레이만 1세는 이슬람 세계의 진정한 지배자로 인정받게 되었다.

그렇다고 해서 술레이만 1세가 영토 확장에만 몰두한 것은 아니었다. 나라를 통치하는 일에도 온 힘을 기울인 그는 낡은 법을 새로 고치고 정비했다.

'나의 제국에서는 누구에게나 똑같은 법이 적용되어야 해. 민족이나 인종 차별이 있어선 안 돼!'

그는 누구에게나 똑같이 적용되는 보편적 법을 제정했다. 법이 잘 지켜지는지 관료를 보내 감시하고 자신이 직접 지방을 돌아다니며 살피기도 했다. 그래서 사람들은 술레이만 1세를 '입법자'라는 뜻의 까누니라고 불렀다.

또 술레이만 1세는 출신에 상관없이 능력 있는 사람을 관리로 등용했고, 사유 재산을 인정해 주어 경제가 활발해졌다. 예술가들을 궁에서 직접 후원해 문화적으로도 번성했으며, 수많은 건축물과 모스크가 지어졌다. 덕분에 오스만 제국은 유럽의 어느 나라에도 뒤지지 않는 국가로 성장했다. 이런 성과를 높이 평가하여 술레이만 1세를 '대제(大帝)'라고 불렀다.

534년	• 동로마 제국에서 《로마법 대전》이 편찬되었다.
589년	• 수나라가 중국을 통일하였다. 중국에서는 삼국 시대 이후 진나라가 다시 통일을 했다가 외세의 침입으로 혼란을 겪은 뒤, 5호 16국 시대와 남북조 시대를 거쳤다. 이후 북주(남북조 시대의 나라 중 하나)의 관리였던 양견이 세력을 모아 수나라를 세웠다. 황제가 된 양견(수 문제)은 토지 제도를 정비하고 과거를 실시하는 등 혼란했던 중국을 빠르게 안정시켰다. 그런데 뒤를 이은 양제는 황제의 권위를 이용해 호화로운 궁궐을 짓고, 황허와 양쯔강을 잇는 대운하를 파서 그 위에 호화스러운 배를 띄우고 음주가무를 즐겼다. 또, 영토 확장을 위해 돌궐족과 임읍(베트남)을 침공하고, 직접 고구려를 정벌하고자 100만 명의 병사를 동원했다. 하지만 고구려의 끈질긴 저항으로 고구려 정벌은 실패하였다. 무리한 정벌 전쟁으로 나랏돈을 낭비하고 백성들에게서 신임을 잃게 되자 곳곳에서 반란이 일어났다. 결국 양제는 신하에게 살해당했고, 오래지 않아 수나라는 멸망하고 말았다.

수 양제는 임금이 되기 위해 아버지인 문제를 죽였어. 형제들도 해쳤고 말이야.

수 양제 초상화

권력을 위해서는 못 하는 게 없구나.

610년경	• 이슬람교가 성립되었다. 메카에서 태어난 무함마드는 어린 시절에는 목동이었고, 청년이 되어서는 시리아를 오가며 무역을 했다. 40세가 되었을 때 그는 진리를 얻기 위해 동굴 속에 들어가 수행을 했는데, 이때 알라신으로부터 계시를 받았다. 이때부터 무함마드는 자신을 알라의 예언자라 칭하며 이전까지 자신의 종족이 섬기던 신들은 모두 가짜라고 주장했다. 사람들이 점점 그를 따르기 시작했고, 이렇게 이슬람교가 시작되었다. 하지만 메카의 부자와 권력자들은 사람들이 무함마드를 따르는 것을 달가워하지 않아 그를 없애려고 했다. 무함마드는 몰래 메카를 빠져나와 메디나로 달아났다. 이슬람 사람들은 이 사건을 '헤지라'라고 부르며, 헤지라가 일어난 622년을 이슬람 달력의 시작 연도로 삼았다.
618년	• 당나라가 건국되었다.
661년	• 인도에서 우마이야 왕조가 성립되었다.
710년	• 일본에서는 나라 시대가 시작되었다.
907년	• 당나라가 멸망하였다.,
916년	• 거란국이 건국되었다. 그로부터 30년 뒤에는 국호를 '요'라고 고쳤다.
960년	• 송나라가 건국되었다. 수나라와 당나라 시대를 거친 뒤 중국 대륙의 북쪽에는 거란(요)이 들어섰고, 그 아래에 조광윤이 송나라를 세웠다. 송나라 태조는 무신보다는 문신을 중히 여겼는데, 무신들이 언제 반기를 들지 모른다는 두려움 때문이었다. 2대 황제 태종 때에도 문신 우대는 계속되었고, 이로 인해 군사력이 약화되었다. 북쪽의 거란이 쳐들어와도 번번히 패했고, 해마다 조공을 보내야 했다. 그런 와중에 서하와의 전쟁으로 나라의 재정은 바닥이 났으며, 송나라의 미래는 어두워졌다.
1077년	• 카노사의 굴욕이 벌어졌다. 카노사의 굴욕이란 신성 로마 제국 황제와 로마 교황의 대립으로 벌어진 사건이다. 황제 하인리히 4세와 교황 그레고리오 7세가 대립하여 서로 상대를 파문하는 선언을 하였는데, 결국 황제가 카노사에 있는 교황을 찾아가 파문을 취소해 달라고 3일 동안 빌어야 했다.
1096년~1270년	• 십자군 전쟁이 벌어졌다.
1115년	• 여진족이 금나라를 건국했다.

1185년	• 일본 가마쿠라 막부가 시작되었다. 12세기 후반, 일본에서는 다이라 가문과 미나모토 가문이 치열하게 권력 다툼을 벌였다. 이때 미나모토 가문이 패하여 두 아들 요리토모와 요시츠네는 지방으로 쫓겨나거나 강제로 승려가 되었다. 오랜 시간이 지난 뒤 두 형제는 힘을 키워 다시 다이라 가문과 싸웠다. 특히 뛰어난 무사로 거듭난 요시츠네는 다이라 가문의 장수 대부분을 없애는 등 큰 공을 세웠다. 하지만 형제의 사이는 곧 벌어졌다. 요시츠네가 죽자 형 요리토모는 천황을 허수아비로 세우고 자신이 직접 전국을 통치했으며, 자신을 장군이라는 뜻의 '쇼군'이라 부르게 했다. 일본 최초의 무인 집권 정부인 가마쿠라 막부는 이렇게 시작되었다.

1206년   • 칭기즈 칸이 몽골을 통일하고 대제국 건설의 첫발을 내디뎠다.

1271년   • 몽골 제국의 5대 황제 쿠빌라이가 원나라를 세웠다.

1299년   • 오스만 1세가 오스만튀르크를 세웠다.
            마르코 폴로의 《동방견문록》이 완성되었다.

1302년   • 프랑스에서 삼부회가 처음으로 개최되었다.

1368년   • 주원장이 명나라를 건국하였다.

1405년   • 명나라의 정화가 항해를 시작했다.

- 3장 -

중세에서
르네상스까지
유럽의
변화

전차 경기장에서 춤추던 소녀가 황후가 되기까지

- 비잔티움 제국이 열리다

천민과 결혼한 유스티니아누스 1세

6세기, 동로마 제국의 수도 콘스탄티노폴리스에 있는 히포드롬(전차 경기장)에 가면 한 소녀를 만날 수 있었다. 소녀는 예닐곱 살쯤 되어 보였는데, 비단으로 만든 건 아니었지만 화려한 드레스를 입고 있었다. 소녀는 전차 경기가 시작되기 전이나 경기 중간에 나와 무대를 한 바퀴 돌고 어색한 미소를 짓곤 했다. 관중석 한쪽에 마련된 간이 무대에서 무희들의 공연이 펼쳐지면 소녀는 그 사이에 등장했다. 그것이 소녀의 일이었다. 소녀의 아버지를 기억하는 사람들은 종종 동전을 던져 주곤 했다.

단 한 번이라도 히포드롬에서 전차 경기를 본 적이 있는 사람은 누구나 소녀의 아버지 아카키우스를 기억하고 있었다. 그는 전차 경기에 참가하는 군인이 아니라 경기 시작 전이나 경기 사이에 잠깐씩 등장하는 동물 조련사였다. 아카키우스는 특히 곰을 잘 다루었다. 아무리 사나운 곰도 그가 명령하는 대로 움직였다. 과자를 받아먹었고, 외나무다리를 걸었으며, 제자리에서 맴돌았다. 하지만 아카키우스는 소녀가 다섯 살 때 세상을 떠났다. 이제 아버지 대신 소녀가 그 자리에 선 것이다.

열다섯 살쯤 되었을 때 소녀는 다른 무희들처럼 춤을 추었다. 언니가 먼저 무대에 올랐고, 곧 소녀도 언니를 따라 춤을 추고 연기를 했다. 그녀의 공연은 관객들에게 인기가 많았다. 많은 젊은이들이 그녀를 보기 위해 모여들었다. 소녀의 이름은 테오도라였다. 테오도라는 몇 년 뒤 펜타폴리스의 총독 헤케볼루스의 두 번째 부인이 되어 리비아로 떠났다. 하지만 결혼 생활이 평탄치 못해 곧 이혼했고, 알렉산드리아를 거쳐 다시 콘스탄티노폴리스로 돌아왔다.

테오도라는 다시 무희가 되었고 여전히 인기가 많았다. 그러던 어느 날 특별한 손님이 찾아왔다. 동로마 제국의 황제 유스티누스 1세의 조카 유스티니아누스였다. 그는 테오도라의 미모에 반해 여러 차례 찾아와 이야기를 나누었다. 테오도라는 외모만 아름다운 것이 아니라 총명하고 생각이 깊었다. 사랑에 빠진 유스티니아누스는 마침내 그녀와 결혼하기로 마음먹었다. 하지만 두 사람의 결혼은 법적으로 불가능했다. 테오도라는 천민이었고, 로마법은 귀족과 천민의 결혼을 금지하고 있었다.

"동물 조련사의 딸이라고? 천민과 결혼이라니 절대 안 된다!"

유스티니아누스의 후원자였던 황제는 크게 화를 내며 반대했

다. 하지만 끈질기게 황제를 설득해 결국 귀족이 천민과 결혼할 수 있도록 법을 바꾸게 만들었다. 드디어 유스티니아누스는 525년 테오도라와 결혼식을 올렸다.

더 기적 같은 일은 그다음에 일어났다. 결혼식을 올리고 2년 뒤인 527년, 유스티니아누스가 황제의 자리에 오른 것이다. 황후가 된 테오도라에게는 아우구스타라는 칭호가 주어졌다.

비잔티움 제국의 위기와 번성

한때 로마 제국이 네 개의 지역으로 쪼개져 있을 때, 상황을 단숨

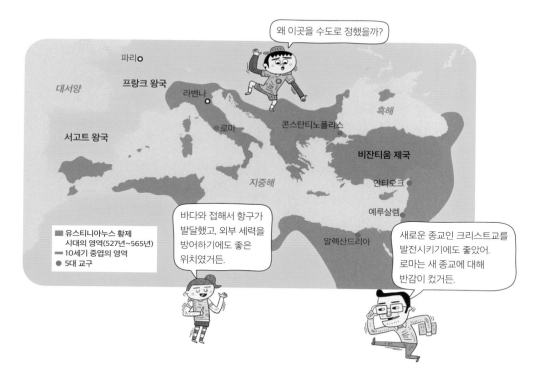

에 해결한 사람이 콘스탄티누스 황제였다. 그는 스스로 로마 제국의 황제라고 칭하던 막센티우스를 물리치고 분열된 로마를 다시 통일했다. 그런데 콘스탄티누스는 분열 세력을 모두 물리친 뒤에도 로마로 돌아오지 않았다. 오히려 로마에서 꽤 멀리 떨어진 비잔티움(지금의 터키 이스탄불)에 눌러앉아 330년에 그곳을 로마의 새로운 수도로 선포했다. 또 자신의 이름을 따서 도시 이름을 콘스탄티노폴리스라고 바꾸었다. 이후 콘스탄티노폴리스는 약 1천 년 동안 동로마 제국의 수도로 자리했다. 그래서 동로마 제국은 비잔티움 제국 또는 비잔틴 제국으로 불리기도 한다.

물론 비잔티움 제국이 항상 안정을 누린 것은 아니었다. 콘스탄티누스 황제 이후에도 북방의 게르만족과 슬라브족, 훈족 등이 자주 침범했고, 나라 안에서는 종교 문제로 골머리를 앓았다. 이와 같은 문제가 하나씩 해결되기 시작한 것이 유스티니아누스 황제 때였다. 유스티니아누스는 황제의 자리에 오르자마자 옛 로마의 영광을 되찾겠노라고 선포했다. 그는 옛 로마의 영토에 제각각 나라를 세우고 동로마 제국까지 기웃거리던 반달족과 고트족을 차례로 밀어냈다. 지중해 연안도 되찾았다. 지중해는 다시 로마의 바다가 되었다.

하지만 이 과정이 순탄치만은 않았다. 여러 전투를 치르기 위해서는 많은 돈이 필요했고, 그 부담은 시민들이 짊어져야 했다. 시민들은 그런 희생을 감당할 수 없어 531년에 반란을 일으켰다. 그들은 이렇게 외쳤다.

"니카! 니카!"

'니카'는 승리 또는 정복을 뜻했다. 시민들의 반란은 너무나 거세어서 순식간에 수도를 점령하고 궁궐을 포위했다. 화들짝 놀란 신하들은 유스티니아누스 황제에게 궁궐을 버리고 달아날 것을 권했다. 유스티니아누스가 그 말을 따르려 하자 테오도라 황후가 앞을 막아섰다.

"황제가 달아나는 것은 크나큰 수치입니다. 구차하게 목숨을 부지하려 한다면 비참한 망명 생활과 허망한 죽음만이 기다릴 뿐입니다. 저는 어떤 경우에도 이 자줏빛 황후의 옷을 벗지 않겠습니다. 이 자줏빛 옷이 곧 훌륭한 수의라는 옛말을 따를 것입니다."

바다와 험한 지형, 겹겹의 성벽 덕분에 1천 년을 버텼구나.

상업이 발달해서 부유하기도 했어.

영토가 줄어들면서 그리스어를 사용하는 인종만 남았는데, 수도만 남았을 때도 이들은 똘똘 뭉쳤지.

테오도라의 말에 용기를 얻은 유스티니아누스 황제는 동로마의 명장 나르세스와 벨리사리우스를 앞세워 반란 진압에 나섰다. 두 장군은 결국 반란을 잠재웠고, 반달족과 고트족을 물리치는 데도 혁혁한 공을 세워 옛 로마의 전성기를 회복하려는 유스티니아누스의 꿈을 실현시켜 주었다. 유스티니아누스는 전쟁으로 파괴된 곳곳에 집과 건물, 교회를 세우고 수백 명의 학자를 모아 법전을 만들게 했다. 이것이 바로 《로마법 대전》이었다.

하지만 유스티니아누스 황제가 죽자 비잔티움 제국은 다시 흔들렸다. 랑고바르드족과 프랑크족의 공격으로 이탈리아반도를 빼앗겼고, 이집트 땅은 페르시아의 사산 왕조에 내주어야 했다. 비잔티움 제국의 영토는 급격히 줄어들었다.

10세기에 들어 비잔티움 제국은 가까스로 위기를 넘기고 다시 한번 황금기를 맞았다. 북쪽으로는 불가리아 왕국을 위협했고, 서쪽으로도 영토를 확장해 예루살렘 코앞까지 나아갔다. 그러는 동안 콘스탄티노폴리스는 더욱 번성해서 동서 무역의 중심지로 자리 잡았고, 인구도 수십만 명을 넘어섰다.

소년들이여,
예루살렘으로 가자

- 소년 십자군과 십자군 전쟁

성지를 되찾으러 나선 수만 명의 소년들

1212년 10월, 프랑스 북부의 양치기 소년 에티엔이 마을 사람들에게 외쳤다.

"여러분, 제 말을 들어 보십시오. 어느 날 한 순례자가 다가와 배가 고프다며 빵을 달라고 했습니다. 제가 빵을 건네자 편지 한 통을 주며 왕에게 전하라고 하더군요. 편지에는 이슬람교인들이 차지한 성지 예루살렘을 되찾는 임무에 관한 내용이 들어 있으니 소중히 간직해야 한다고 했지요. 편지를 받아들자 제가 몰던 양들이 모두 그의 앞에 무릎을 꿇었습니다."

마을 사람들은 서로 수군거리기는 했지만 별다른 반응을 보이지는 않았다. 그런데 양치기 소년의 주위에 소년들이 모여들기 시작했다. 어느새 소년의 무리는 수천 명으로 늘어났다.

"예수께서 순례자의 모습으로 우리에게 오신 것입니다!"

소년들은 그렇게 믿었다. 고작해야 열두세 살 정도였던 소년들은 자신들이 성지 탈환을 위해 무언가를 해야 한다고 생각했다. 그래서 에티엔을 지도자로 뽑아 예루살렘에 가기로 결정했다. 부모와 어른들이 말렸지만 소년들은 예정대로 길을 떠났다. 가는 곳마다 새로운 소년들이 행렬에 참여하여 무리는 금세 수만 명으로 늘어났다. 그러자 어른들이 소년들을 격려하며 먹을 것과 입을 것을 내주기 시작했다. 심지어 어떤 사람들은 에티엔을 살아 있는 천사라고 칭송하기도 했다. 사람들은 이 소년 무리를 '소년 십자군'이라고 불렀다.

국왕 필리프 2세는 소년들에게 행진을 그만두고 집으로 돌아가라고 명령했다. 어른들도 하지 못한 일을 할 수도 없을뿐더러 너무 위험한 일이었기 때문이다. 물론 소년들은 말을 듣지 않았고, 오히려 당당하게 외쳤다.

"우리가 지중해에 이르면 바다가 갈라져 길을 열 것입니다. 우리는 피 한 방울 흘리지 않고 예루살렘으로 갈 수 있습니다!"

이 소식을 전해 들은 교황 인노켄티우스 3세는 감격하여 눈물을 흘렸다.

소년 십자군은 계속해서 남쪽으로 내려갔다. 그동안 규모는 점점 늘어났다. 마침내 프랑스 남부에 있는 마르세유에 도착했을 때 어떤 사람이 일곱 척의 배를 내주었다. 배에 오른 소년들은 머지않아 지중해를 지나 예루살렘에 도착할 거라고 믿었다. 하지만 얼마

지나지 않아 두 척의 배가 파도에 휩쓸려 물속으로 가라앉고 말았다. 배에 탄 소년들은 대부분 목숨을 잃었다. 나머지 다섯 척의 배는 예루살렘이 아니라 이집트의 알렉산드리아로 나아갔다. 자신들이 속았다는 사실도 알지 못했던 아이들은 그곳에서 모두 노예로 팔려 가고 말았다.

비슷한 일이 독일에서도 벌어졌다. 쾰른에 사는 소년 니콜라우스도 신의 계시를 받았다며 예루살렘을 향해 행진을 시작했다. 니콜라우스는 알프스를 넘어 이탈리아 쪽으로 나아갔다. 이 행진에도 수많은 소년들이 뒤를 따랐다. 소년 무리는 주린 배를 강물로 채우며 제노바에 도착했다. 다행히 이 소년들은 배에 타기 직전 사제들의 강력한 설득으로 대부분 고향으로 돌아갔다. 그러나 소년들을 이끌던 니콜라우스는 행방을 알 수 없었다.

가까스로 구출된 소년들에게 왜 소년 십자군에 참여했느냐고 묻자, 멍한 표정으로 이렇게 대답했다.

"모르겠어요. 그냥 아이들이 따라가니까……."

소년들의 표정은 마치 주술에 걸렸다가 깨어난 사람 같았다.

예루살렘을 되찾기 위한 십자군 전쟁

중세 유럽을 지탱한 하나의 축이 봉건 제도였다면, 다른 하나의 축은 크리스트교였다. 크리스트교는 이미 9세기를 지나면서 전 유럽으로 퍼져 유럽 사람들의 정신적인 버팀목이 되었다. 사람들은 예수가 일생을 마친 예루살렘으로 성지 순례를 떠나곤 했다. 당시 예루살렘은 이슬람교를 믿는 사람들이 차지하고 있었지만, 크리스트교인들의 성지 순례를 방해하지는 않았다. 하지만 11세기 중엽, 셀주크튀르크족이 바그다드를 점령하면서부터 사정이 달라졌다. 그들은 성지 순례 길을 모두 막아 버리고 비잔티움 제국의 영토까지 조금씩 침범하기 시작했다.

비잔티움 제국의 황제는 교황에게 도움을 요청했다. 교황은 프랑스 클레르몽에 수많은 종교 지도자를 불러 모아 회의를 열었다. 이곳에서 교황 우르바누스 2세가 성전을 외쳤다. 성전이란 종교적인 이유로 하는 전쟁을 말한다.

"하느님이 원하신다!"

많은 사람들이 교황의 말을 따랐다. 영국과 프랑스에서는 국왕의 형제와 유명한 기사단이 병사들을 이끌고 예루살렘으로 향했다. 이들을 십자군이라고 불렀다. 십자군은 3년 만에 예루살렘을 점령하고 크리스트교인들의 왕국을 건설했다.

일부 십자군이 성벽을 점령했다. 성으로 들어간 십자군은 이슬람 사람들을 죽이고 약탈했다. 남녀노소를 가리지 않았다. …… 아침이 되자 성안은 이슬람 사람들의 시체로 뒤덮였다. 시체를 넘지 않고는 다닐 수 없을 지경이었다. 십자군은 살아남은 자들을 노예로 팔았다. 심지어 죽은 사람의 배를 가르고 배 속을 뒤지는 병사들도 있었다. 일부 이슬람 사람들이 금은보화를 뺏기기 싫어 배 속에 간직했다는 소문이 돌았기 때문이다.

흐억, 이게 진짜야? 너무 잔인하잖아!

누가 썼는지 모르지만 당시의 기록이래.

십자군 원정은 여기에서 그치지 않았다. 12세기에 들어서 이슬람 세력이 예루살렘을 되찾으려 한다는 소식이 전해지자 두 번째 십자군이 전쟁에 나섰다. 하지만 예루살렘 근처에도 이르지 못하고 이슬람 군대에 크게 패하고 말았다. 12세기 후반, 마침내 이슬람 군대가 예루살렘으로 들이닥쳤다. 이들에게는 살라딘이라는 위대한 장수가 있었다. 살라딘은 정의롭고 공정한 사람으로 알려져 있었으며 군인으로서도 매우 뛰어난 전략과 전술을 갖추고 있었다. 살라딘의 지휘 아래 이슬람교인들은 90년 만에 예루살렘을 되찾았다.

살라딘은 예루살렘의 주민들과 이웃 나라에 알렸다.

"이제부터 누구라도 예루살렘의 방문을 허용한다."

살라딘이 관용을 베풀었지만 예루살렘을 빼앗긴 것은 크리스트교인들에게 수치스러운 일이었다. 그래서 다시 세 번째 십자군이 예루살렘으로 떠났다.

3차 십자군의 전력은 어느 때보다 막강했다. 이번에는 프랑스의 필리프 2세와 신성 로마 제국의 프리드리히 1세, 영국의 리처드 1세가 함께했다. 특히 리처드 1세는 예루살렘 부근에서 살라딘과 2년이 넘도록 막상막하의 싸움을 벌여 '사자왕'이라는 별명이 붙기도 했다. 하지만 거기까지였다. 리처드 1세는 열병에 시달리면서도 살라딘을 공격했지만 예루살렘에는 도달하지 못했다. 그는 본국에서 반란의 조짐이 있다는 연락을 받고 영국으로 돌아가야 했다. 리처드 1세와 살라딘은 휴전을 선언했다.

"예루살렘이 살라딘의 영토임을 확인한다. 다만 순례자들에게는 예루살렘의 출입을 자유롭게 허락하라."

리처드 1세의 제안에 살라딘도 동의했다.

4차 십자군 원정 때는 기막힌 일이 벌어졌다. 4차 십자군은 교황 인노켄티우스 3세가 결성했는데, 다른 나라 왕들은 응하지 않고 프랑스 기사단만이 참여했다. 그런데 이들은 경제적으로 어려움을 겪자 어이없게도 크리스트교인들이 사는 도시를 공격해 재물을 약탈했다. 결국 교황이 십자군을 파문하는 어처구니없는 일이

동로마 제국의 망명한 황태자 알렉시우스 앙겔루스가 4차 십자군의 지도자를 만났다.

이때 십자군은 전쟁 비용 때문에 경제적으로 어려움에 처해 있었다.

십자군은 알렉시우스 앙겔루스의 제안을 받아들였지만 다시 반란을 일으켰다.

십자군은 콘스탄티노폴리스의 궁에서 수많은 보물을 약탈했다.

벌어졌다. 그럼에도 불구하고 4차 십자군은 동로마 제국의 심장인 콘스탄티노폴리스를 공격해 크리스트교인들을 죽이고 수많은 물품을 약탈해 베네치아로 가지고 갔다.

이후에도 십자군은 소년 십자군을 제외하고도 네 번이나 더 조직되었다. 하지만 모두 우왕좌왕했다. 가는 도중에 천재지변으로 되돌아오기도 했고, 십자군을 이끌던 프랑스 왕 루이 9세가 포로로 잡혀 막대한 보상금을 지불하고 풀려나는 일도 있었다. 그렇게 200년 동안 계속된 십자군 전쟁은 목표를 이루지 못한 채 끝이 났고, 이후 수백 년 동안 예루살렘은 이슬람교인들의 차지가 되었다.

십자군 원정의 실패로 교황의 권위는 추락했고 교회의 위신은 완전히 무너졌다. 대신 시민의 세력이 커졌고, 국왕의 힘도 강해졌다. 중세 시대를 떠받치던 봉건 제도에 균열이 일어나기 시작한 것이다.

같이 볼까?

킹덤 오브 헤븐 리들리 스콧 감독, 2005

발리앙이라는 인물이 예루살렘으로 떠나며 십자군 기사 고프리에게서 검술을 배우고 용맹한 전사가 되어 가는 과정을 그리며 시작된다. 대부분의 십자군 영화가 크리스트교 입장에서 서술한 데 비해, 이 영화는 '종교라는 이름으로 저질러진 비극'에 초점을 맞추고 있어서 십자군 전쟁에 대한 새로운 시각을 제공한다.

흑사병은 정말
고양이의 저주였을까?

- 유럽의 중세 시대

유럽을 죽음의 땅으로 만든 흑사병

"날마다 수천 명이 그 병에 걸렸다. 이미 병자를 돌볼 사람도 남아 있지 않았고, 너무나 한꺼번에 많이 죽어 버려서 장례를 돌볼 성직자도 부족했다. 성직자가 일단 장례식에 나서면 어김없이 서너 개 장례 행렬이 늘어섰다. 묘지에는 시체들이 넘쳐나 구덩이만 파고 대충 묻는 수밖에 없었다. …… 많은 집들이 순식간에 텅 비었다. 용감한 남자들과 아름다운 여자들은 낮에는 친구들과 밥을 먹었지만, 저녁에는 저세상에서 조상들과 함께 먹어야 했다. 나중에는 사람들이 시체를 보고도 죽은 짐승만큼도 관심을 두지 않았다."

이탈리아의 작가 보카치오가 흑사병이 휩쓸던 당시의 상황을

묘사한 내용이다. 중세 유럽을 완전히 휩쓸어 버린 흑사병은 사망 확률이 아주 높아서 병에 걸린 열 명 중 일곱 명 이상이 목숨을 잃었다. 14세기에 퍼진 흑사병으로 유럽 인구의 3분의 1이 줄었고, 다시 회복하는 데는 300년 가까운 시간이 걸렸다.

훗날 학자들은 흑사병이 더욱 기승을 부렸던 이유는 당시 유럽에 고양이가 없었기 때문이라고 했다. 고양이의 저주가 흑사병을 불러왔다고 말하는 사람도 있었다. 정말로 고양이가 쥐를 잡지 않아서 흑사병이 유행한 것일까?

주로 쥐에게 기생하던 벼룩에 의해 흑사병이 옮겨진 것은 사실이다. 중세 시대의 도시는 하수 시설이 충분하지 않고 비위생적이어서 쥐가 번식하기 쉬웠다. 그래서 학자들은 쥐를 효과적으로 잡았다면 흑사병이 그토록 퍼지지 않았을지도 모른다고 주장했다.

그런데 당시 유럽에 정말로 고양이가 없었을까? 그것은 사실이었다. 흑사병이 퍼지기 전인 1232년 어느 날, 교황 그레고리 9세가 이렇게 말했다.

"악마는 검은 고양이의 모습으로 나타난다."

교황과 교회가 고양이를 사악한 존재로 취급한 것이다. 여기에는 고양이를 숭배하는 이교도(주로 이집트 사람들)와 마녀를 없애려는 의도가 깔려 있었다. 이때 유럽에는 마녀가 고양이를 심부름꾼으로 사용한다거나 고양이가 악마와 친하다는 미신이 퍼져 있었다. 그래서 사람들은 집에서 고양이를 내쫓았다. 고양이를 가지고만 있어도 마녀로 의심받았다. 급기야 고양이를 보는 즉시 죽이기 시작했다. 마녀사냥이 극성을 부리던 1300년대 이후부터 고양이 학살은 끊임없이 이어졌다.

그 뒤에 흑사병이 돌기 시작했다. 사람들은 말했다.

"고양이를 죽여야 해요. 전염병은 악마가 퍼뜨린 거예요."

사람들은 고양이를 죽여서 전염병에서 구원받기를 바랐다. 하지만 고양이가 사라질수록 쥐는 활기차게 돌아다녔고, 흑사병도 기승을 부렸다. 말하자면 유럽 사람들은 미신 때문에 흑사병을 옮기는 쥐를 효과적으로 제거하지 못한 것이다. 오로지 쥐 때문만은 아니었겠지만, 유럽인들은 고양이를 죽임으로써 흑사병에 문을 활짝 열어 준 셈이 되고 말았다.

결국 신이 자신들의 기도를 들어주지 않는다고 생각한 많은 사람들이 교회를 떠났다. 이제 사람들은 신이 아닌 인간 자신에게 관심을 두기 시작했다. 철학을 탐구하거나 고전을 공부하기도 했다. 휴머니즘을 앞세운 르네상스 시대가 다가온 것이다.

도시의 발달과 봉건 제도의 붕괴

서로마 제국이 멸망한 이후 유럽에는 봉건 제도가 자리잡기 시작했다. 주로 기사로 이루어진 신하들은 영주를 위해 봉사하고 충성을 맹세했다. 영주는 그들에게 일정한 땅을 나누어 주어 농사를 지어 먹고살도록 했다. 이것이 봉건 제도의 기초였다. 영주가 나누어 준 땅을 장원이라 했고, 장원에서 실제로 농사지은 사람들은 농노였다. 장원에 매여 있는 농노는 일반 농민과 달리 농사일은 물론이고 영주가 요구하는 모든 일을 해야 했다. 세금이 가혹하여 도망치는 농노도 있었다. 이것이 10세기~11세기 전후 중세 유럽의 모습이었다.

그런데 11세기가 지나면서 인구가 증가하고 장원 중심의 도시가 발달하면서 상업이 활력을 띠기 시작했다. 화폐 사용이 활발해졌고, 물건을 사고파는 상인들이 생겨났다. 도시에는 푸줏간, 빵집, 대장간 등 생필품을 만들어 파는 가게가 빠르게 늘어났다. 이런 변화는 도시에 사는 시민들에게 자유에 대한 염원을 심어 주었다. 실제로 돈을 들여 영주에게서 자치권을 얻어 내는 도시도 생겨났다. 그즈음부터 "도시의 공기는 자유를 준다!"라는 말이 유행처럼 떠

길드는 장인, 직인, 도제라는 세 개의 계층으로 구성되어 있었다. 직인과 도제들은 장인의 집에서 몇 년씩 함께 지내며 기술을 익혔다. 도제와 직인 생활을 모두 마치고 심사에 합격하면 장인이 되어 독립할 수 있었다.

돌았다.

시민들은 더 나아가 이익을 늘리고 자신들을 보호하기 위한 조합을 만들었다. 이것이 바로 길드이다. 처음에는 상인 길드가 생겼고, 나중에는 수공업자 길드까지 만들어졌다. 이 같은 도시의 성장과 자유에 대한 인식의 확대는 장원으로까지 확대되었다. 그럼으로써 땅을 빌려 농사를 짓던 농노들까지 물건 대신 돈으로 대가를 지불하게 되었다. 농노들은 일정한 돈을 내고 나면 남은 돈을 모아 대가를 지불하고 자유인이 되었다.

도시에 활력이 넘칠 무렵, 뜻밖의 손님이 찾아왔다. 바로 흑사병이었다. 14세기 중엽, 아시아의 초원에서 넘어온 흑사병은 전 유럽을 공포로 내몰았다. 전염성이 강하고 사망 확률이 높아서 도시마다 시체들이 넘쳐났다. 제대로 된 장례식을 치르기는커녕 온 가족이 함께 희생되는 경우도 많았다. 사람들은 도시를 떠나 인적이 드문 곳으로 피신했다. 도시는 빈집이 늘어 갔고, 어떤 도시는 인구가 절반으로 줄었다. 나중에는 키우던 가축들도 떼죽음을 당했다. 그런데도 원인을 알 수 없었고, 어떤 약도 효과가 없었다.

불과 4~5년 만에 유럽 인구의 3분의 1이 사라지자 심각한 문제가 발생했다. 땅은 있지만 농사지을 사람이 없어진 것이다. 그런데도 영주들은 농노들의 처우를 개선해 주지 않고 예전처럼 농노들을 억압했다. 농노들은 더 이상 참을 수 없어 반란을 일으켰다. 무기가 빈약하고 조직력이 허술해서 성공하지는 못했지만 농노들의 반란은 봉건 제도를 무너뜨리는 계기가 되었다. 농노의 반란으로 귀족의 힘이 약해지자 여러 나라의 국왕들은 그동안 영주에게 빼앗겼던 힘을 되찾으려 했다. 영주에게 시달리던 상인과 시민들도 국왕을 지지했다. 이것은 강력한 중앙 집권 국가의 탄생을 알리는 신호탄이었다.

성벽으로 둘러싸인 중세 도시

중세 시대의 도시는 대부분 성벽으로 둘러싸여 있었다. 성벽은 외부의 침입을 방어하기 위한 장치였다. 독일에는 함부르크나 뒤스

중세의 성 : 중세의 성은 편안함이나 안락함과는 거리가 멀었다. 적의 공격을 막기 위해 단단한 돌로 지었고, 낮은 층은 창이 없고 문이 닫혀 있어서 늘 캄캄했다. 높은 층에는 창이 있었지만 유리창이 없었다. 이때만 해도 유리는 사치품이었다. 겨울에는 판자로 창을 막아 빛이 안 들어왔고 통풍도 잘 되지 않았다. 그리고 성안에는 화장실이 없었다. 요강 같은 걸 사용하거나 성벽에서 볼일을 해결했다. 성벽을 보면 바깥으로 유독 튀어나온 부분이 있는데 그곳에서 볼일을 보았다. 배설물이 성벽 아래로 떨어져 쌓였기 때문에 그 주변은 항상 더러웠다.

부르크 등 '부르크'로 끝나는 이름의 도시가 많은데, 부르크는 성곽이나 성채를 뜻한다. 즉 성벽으로 둘러싸인 도시를 의미한다. 성의 둘레에는 보통 해자라는 못을 팠고, 성문 앞에는 들어 올렸다가 내릴 수 있는 도개교를 설치했다. 적이 침략해 오면 다리를 들어올려 성문에 접근하지 못하도록 했다. 성문은 평소에도 경계가 철통같았다. 보통 해 뜨는 시간에 열었다가 해가 질 때 닫았는데, 일단 문이 닫히면 누구도 들어가거나 나가기가 어려웠다.

같이 볼까?

페스트 알베르 카뮈, 김화영 옮김, 민음사, 2011

중세 도시가 페스트(흑사병)로 절망에 빠진 모습을 잘 그렸다. 해안 도시 오랑에서 쥐 떼가 곳곳에서 발견되고, 도시는 페스트를 선포한다. 사람들이 공포에 휩싸인 채 질병과 싸우는 모습이 섬뜩할 만큼 생생하게 그려져 있다. 2020년 코로나가 전 세계를 휩쓸었을 때, 많은 사람들이 이 오랜 고전을 다시 찾았다.

정말로 마녀가 있었던 걸까?

– 잔 다르크와 백 년 전쟁

마녀사냥과 화형

'바늘로 콕콕 찌르기 전문가'라는 직업을 가진 사람이 있었다. 그의 이름은 매튜 홉킨스였다. 보통 사람의 급여가 1파운드도 안 되던 시절, 그는 바늘로 콕콕 찌르는 일로 무려 20파운드를 받기도 했다. 도대체 이 직업의 정체는 무엇이었을까?

"마녀에게는 아무리 찔러도 아프지 않은 곳이 있습니다. 마녀만이 가지고 있는 표시 같은 거죠. 그래서 온몸 구석구석을 찔러서 감각이 없는 곳을 찾는 것입니다. 누군가 마녀로 의심되는 사람이 있다면 제게 데려오세요. 찔러 보고 마녀인지 아닌지 정확히 가려내겠습니다."

매튜 홉킨스는 다름 아닌 마녀사냥 전문가였다. 별명이 '마녀사냥 장군'이었던 그는 마녀사냥을 위한 책까지 썼다. 이 일로 불과

1615년 약초로 약을 만들어 팔던 카타리나 케플러라는
여인이 마녀로 고발당했다.

이때 사람들은 마녀가 약초를 다룬다고 믿었다.

유명한 천문학자였던 아들 요하네스 케플러가 변론해
서 카타리나는 간신히 마녀사냥을 피할 수 있었다.

하지만 안심할 수 없었던 케플러는 어머니를 아주 멀리
피신시켰다.

2년 만에 1천 파운드가 넘는 돈을 벌기도 했다.

14세기부터 시작된 마녀사냥은 이처럼 웃지 못할 이야기를 남
겼다. 하지만 그냥 어처구니없는 일로 넘기기에는 너무 많은 사람
들이 희생된 암흑의 역사이다. 마녀사냥은 처음에는 이단의 신앙

을 가진 사람을 벌하기 위해 시작되었다. 십자군 전쟁의 실패로 체면을 구긴 데다가 성직자들이 타락으로 치닫자 위기에 몰린 가톨릭교회에서 생각해 낸 일종의 위기 탈출법이었다. 그러나 시간이 지날수록 마녀사냥은 광기를 띠었고, 엉뚱한 수단으로 활용되었다.

사람들은 자신과 대립하는 이들을 제거하기 위해 죄 없는 사람을 고발했다. 사소한 말다툼으로 사이가 틀어진 이웃집 여인을 마녀라고 몰아세우기도 했다. 병에 걸린 사람들도 마녀로 취급받았고, 말을 듣지 않는 며느리도 마녀로 고발당했다. 미모가 뛰어났던 여인은 다른 여인들의 시기와 질투를 받고 마녀로 몰리기도 했다.

일단 마녀로 고발되면 재판을 받고 풀려나는 경우가 거의 없었다. 대부분은 극심한 고문을 받고 스스로 마녀임을 인정해야 했다. 고문 방법도 해괴하고 잔혹하기 그지없었다. 펄펄 끓는 물에 동전을 넣은 뒤 그 동전을 꺼내게 했고, 누워 있는 몸 위에 400킬로그램이 넘는 쇳덩이를 계속 쌓아 몸을 부서뜨리기도 했다. 굶주린 장어 수백 마리가 든 연못에 뛰어들게 하는가 하면, 발가벗긴 뒤 온몸에 가시를 두른 채 바닥을 뒹굴게 했다. 결국 마녀로 고발된 사람들은 괴로움을 견디다 못해 스스로 마녀라고 인정할 수밖에 없었고, 그 결과는 화형이었다.

마녀사냥은 남녀노소를 가리지 않고 마구잡이로 이루어졌다. 일단 마녀로 인정되면 모든 재산을 빼앗겼다. 재산은 영주, 주교, 심문관 등이 나누어 가졌다. 그들에게는 마녀사냥이 엄청난 돈벌이였던 셈이다. 1630년 마녀사냥은 급격하게 줄어들었다. 이 해에 신성 로마 제국에서 재산 몰수를 금지했기 때문이다. 실제로 밤베르크라는 도시에서는 1629년에만 100여 명이 마녀재판으로 희생되었는데, 이듬해에는 단 한 명의 희생자도 생기지 않았다.

한편, 전쟁 영웅이었던 잔 다르크도 마녀재판을 피하지 못하고 화형을 당했다. 가톨릭교회는 잔 다르크가 화형당한 지 수백 년이 지난 1920년에 이르러서야 그녀를 성녀로 공식 인정하였다.

17세 소녀가 프랑스를 구하다

1337년 영국과 프랑스 사이에 일어난 전쟁은 이후 100여 년간 이어져 백 년 전쟁이라고 부른다. 물론 100년 내내 싸움을 한 것은 아니고, 1453년까지 여러 차례 휴전과 전쟁을 되풀이했다. 영국과 프랑스의 갈등은 오래전부터 계속되어 왔는데, 프랑스의 왕위 계승 문제가 전쟁의 위기를 부채질했다. 필리프 6세가 샤를 4세의 뒤를 이어 프랑스 왕위에 오를 즈음 영국의 에드워드 3세가 이를 반대하고 나섰던 것이다. 자신이 필리프 6세보다 프랑스 왕족의 혈통에 더 가깝다는 이유에서였다.

하지만 더 오랫동안 갈등의 원인이 되었던 것은 프랑스 영토 내에 있던 플랑드르(지금의 벨기에 지역) 지방이었다. 양모 산업의 중심지였던 플랑드르는 영국이 관리하던 영지였다. 영국은 이곳에 양모를 수출하며 막대한 이익을 얻고 있었다. 그런데 이 지역에 반란이 자주 일어나자 프랑스 정부가 개입해 영향력을 행사하려고 들

였다. 게다가 영국이 당시 스코틀랜드와 전쟁 중이었는데, 프랑스
가 스코틀랜드를 은밀하게 지원하고 있었다.

갈등이 고조되던 상황에서 1337년 필리프 6세가 플랑드르를 공
격하자 에드워드 3세는 프랑스에 전쟁을 선포했다. 그리고 1339년
영국군이 플랑드르에 머물고 있던 프랑스 함대를 공격하면서 전투
가 시작되었다. 첫 전투는 영국의 대승이었다. 프랑스군은 2만 5천
명이 전사하거나 물속으로 뛰어들었지만 영국군은 고작 네 명만
희생되었을 뿐이다.

1346년에는 에드워드 3세가 프랑스에 상륙했다. 필리프 6세도 직접 나와 크레시 지역에서 맞서 싸웠다. 이 전투에서도 영국군이 압도적인 승리를 거두었다. 이때 프랑스군은 철갑옷으로 무장한 기마병을 앞세웠다. 그러자 영국군은 보병에게 길고 커다란 활을 주어 달려오는 프랑스 기마병을 겨냥하게 했다. 프랑스 기마병들은 날아오는 화살에 맞아 힘없이 쓰러졌다.

그런데 이 무렵 흑사병이 전 유럽에 퍼지는 바람에 전쟁이 중단되었다. 영국도 프랑스도 흑사병으로 수많은 사람이 죽어 나가자 싸우기를 멈출 수밖에 없었던 것이다. 하지만 휴전은 오래가지 않았다. 1356년의 푸아티에 전투에서는 영국 황태자 에드워드의 활약이 두드러졌다. 늘 검은 옷을 입고 다녀서 흑태자라는 별명을 얻은 에드워드는 용맹하기 그지없었다. 흑태자는 고작 7천 명의 병사로 프랑스의 새 왕인 장 2세가 이끄는 2만 명의 대군을 물리쳤다. 게다가 장 2세를 포로로 잡아 버렸다.

이처럼 프랑스는 거듭해서 참패를 당했다. 수십 년이 흐른 1428년 영국은 대군을 이끌고 프랑스에 상륙했다. 이번에야말로 프랑스 전역을 점령하겠다는 각오였다. 이미 프랑스 북부를 차지한 영국은 남쪽으로 내려와 오를레앙을 포위했다. 이제 프랑스는 바람 앞의 등불이었다. 이때 프랑스를 구하라는 신의 계시를 받았다며 열일곱 살 소녀 잔 다르크가 프랑스의 샤를 황태자를 찾아왔다. 황태자가 그녀에게 물었다.

"네가 정말로 신의 계시를 받았다면 우리가 뭘 해 주면 되겠느

대천사 미카엘의 말을 들은 잔 다르크는 샤를 황태자
를 만나기로 마음먹었다.

잔 다르크가 황태자를 만나게 해 달라고 부탁하자
기사는 소개장을 써 주었다.

냐?"

　"저에게 군대를 주시면 위기에 빠진 오를레앙을 구하고 돌아오
겠습니다."

　황태자는 잔 다르크에게 깃발과 함께 군사를 내주었다.

　잔 다르크가 시농성을 출발했을 때 오를레앙은 거의 함락되기 직전이었다. 잔 다르크가 보낸 전령이 먼저 오를레앙에 도착했다. 전령은 기진맥진한 프랑스군과 백성들에게 외쳤다.

"여러분, 우리를 구하기 위해 잔 다르크가 오고 있습니다. 신의 계시를 받은 잔 다르크가 오를레앙을 지켜 낼 것입니다!"

사기가 오른 프랑스군은 필사적으로 싸워 승리를 거두었다. 이후 잔 다르크는 승승장구하며 영국군을 무찔렀다. 이 기세를 몰아 샤를 황태자는 대관식을 올리고 프랑스의 국왕(샤를 7세)이 되었다.

잔 다르크는 또 다른 전쟁터로 달려갔다. 콩피에뉴 지방이었다. 이곳에서도 잔 다르크는 병사들과 함께 전장을 누볐다. 하지만 달아나는 적을 쫓던 잔 다르크는 영국군과 내통하던 프랑스 귀족의 군사에게 붙잡히고 말았다. 그들은 잔 다르크를 영국군에게 팔아 넘겨 버렸다.

영국군은 잔 다르크를 재판에 넘겼다.

"잔 다르크는 마녀입니다. 신의 계시를 받았다는 것은 거짓말입니다."

"화형에 처해야 합니다."

그러는 한편 샤를 7세에게 잔 다르크의 몸값을 요구했다. 하지만 샤를 7세는 요구에 응하지 않았다. 비록 잔 다르크의 도움으로 왕위에 오르긴 했지만, 백성들에게 왕보다 신뢰를 받고 있는 그녀가 부담스러웠던 것이다. 귀족들도 그녀를 싫어하긴 마찬가지여서 누구도 잔 다르크의 몸값을 지불해야 한다고 주장하지 않았다. 결국 잔 다르크는 일곱 번의 재판을 받고 화형을 선고받았다.

1431년 5월 30일, 잔 다르크는 재판관이 준 종이 모자를 쓰고 마른 나뭇가지가 잔뜩 쌓인 화형대 위에 올라섰다. 종이 모자에는 '마녀', '우상을 숭배하는 자'라는 말들이 쓰여 있었다. 이윽고 나뭇가지에 불이 붙더니 잔 다르크의 몸이 불타올랐다. 그녀는 마지막 순간까지도 자신이 신의 계시를 받았다는 사실을 부정하지 않았다. 결국 그녀는 한 줌의 재로 사그라들었다.

이 사건 후 전쟁의 신은 프랑스 편으로 기울었다. 프랑스군은 영국군이 점령한 도시들을 하나씩 되찾았고 전쟁을 승리로 마무리 지었다. 훗날 샤를 7세는 잔 다르크를 외면한 자신의 잘못을 인정하고 종교 재판을 열어 그녀가 마녀가 아니라고 선언했다.

누더기 소녀에서
통일 왕국의 여왕이 된 이사벨

- 에스파냐의 통일과 콜럼버스의 대항해

시련을 딛고 여왕이 되기까지

그녀는 카스티야 왕국의 공주로 태어났지만 네 살 때 어머니와 함께 궁궐에서 쫓겨났다. 왕실의 병사들이 그녀를 버려두고 간 곳은 사람들이 잘 다니지 않는 깊은 숲속이었다. 이때부터 그녀는 구멍이 숭숭 뚫려 한겨울 추위를 전혀 막아 주지 못하는 오두막에서 살았다. 옷이 없어 누더기를 걸쳤으며 부러진 나뭇가지를 주워다 요리를 했다. 밥을 먹는 날보다 굶는 날이 더 많았다. 천민보다 못한 생활이었다. 더구나 치욕과 비참한 생활에 대한 절망감으로 점점 미쳐 가는 어머니와 어린 동생까지 돌보느라 그녀는 잠도 제대로 잘 수 없었다.

그녀의 이름은 이사벨이었다. 그리고 이사벨을 이렇게 사지로 내몬 사람은 카스티야 왕국의 국왕이자 그녀의 이복 오빠인 엔리케 4세였다. 엔리케 4세는 부패한 관리를 추방하는 등 한때 정치에 깊숙이 가담한 이사벨 왕후(이사벨의 어머니)가 자신의 권좌를 노릴지도 모른다는 생각에 궁에서 추방한 것이다. 그로부터 10년 뒤, 이사벨 왕후가 완전히 미쳐서 더 이상 위험한 존재가 아니라고 판단한 엔리케 4세는 왕후와 두 자녀를 다시 궁으로 불러들였다.

이사벨은 한동안 왕실의 법도와 궁궐 예절을 배우며 공주의 삶을 누렸다. 하지만 열일곱 살이 되었을 때 한 번 더 위기가 찾아왔다. 엔리케 4세가 이사벨이 결혼 적령기가 되었다는 핑계로 그녀를 이웃 나라 포르투갈의 아폰수 5세와 결혼시키려 한 것이다. 포르투갈과 혼인 동맹을 맺어서 전쟁을 방지하고 자신의 왕

이사벨이 궁궐에 돌아온 뒤, 일부 귀족들이 이사벨의 동생 알폰소를 왕으로 추대하여 반란을 일으켰다. 그리고 알폰소가 죽은 뒤에는 이사벨에게 왕위에 오르라고 부추겼다. 하지만 이사벨은 때가 아님을 알고 물러서서 더 좋은 기회가 오기를 기다렸다.

좌를 지키려는 것이었다. 당시 상당수 귀족들이 엔리케 4세가 정치를 제대로 하지 못한다며 노골적으로 불만을 드러내고 있던 상황이었다.

하지만 이사벨은 거절했다. 포르투갈의 국왕은 이미 마흔 살이 훨씬 넘은 아저씨였다. 물론 나이나 외모 때문만은 아니었다. 이사벨에게는 야심이 있었다.

'지금 이 나라는 안으로는 귀족이 세력을 잡아 왕의 힘이 약하고, 밖으로는 이교도(이슬람 국가인 그라나다 왕국을 가리킴)와 국경을 맞대고 있어. 게다가 포르투갈은 이베리아반도 전체를 차지하려고 호시탐탐 노리고 있지. 내가 어떤 선택을 해야 이 모든 문제를 해결할 수 있을까?'

고민을 거듭하던 이사벨은 엔리케 4세의 명령을 거부하고 솔직하게 말했다.

"폐하, 저는 아라곤 왕국의 페르난도 왕자와 결혼하겠습니다."

이사벨의 선언은 주위 사람들을 당혹스럽게 만들었다. 바로 이웃해 있는 가톨릭 왕국 아라곤의 왕자와 이사벨이 결혼한다면 이들은 큰 힘을 갖게 될 것이기 때문이었다. 화가 난 엔리케 4세는 이사벨을 감금해 버렸다.

하지만 거기서 주저앉을 이사벨이 아니었다. 그녀는 운명을 걸고 궁을 빠져나왔다. 꽤 멀리까지 달아난 뒤 그곳에서 페르난도 왕자에게 사람을 보냈다.

"이베리아반도의 미래를 위해 당신에게 청혼하겠습니다. 이곳

에 와서 저와 혼인해 주십시오."

이 제안에 아라곤 왕국도 벌집을 쑤신 듯 웅성거렸다. 페르난도 왕자도 선뜻 결정을 내리지 못했다. 하지만 오래지 않아 페르난도 왕자는 300킬로미터가 넘는 거리를 달려와 이사벨을 만났다. 그리고 둘은 1469년 10월 결혼식을 올렸다.

그로부터 5년 후, 엔리케 4세가 사망하고 이사벨이 카스티야 왕국의 여왕으로 등극했다. 페르난도 왕자 역시 아라곤 왕국의 왕이 되면서 두 나라는 하나로 통합되었다.

에스파냐 왕국을 통일한 가톨릭 여왕

8세기 초, 이베리아반도의 상당 부분은 이슬람 사람들이 점령하고 있었다. 이들 때문에 에스파냐의 귀족과 기독교인들은 서북쪽의 칸타브리아산맥과 동쪽의 피레네산맥 주변으로 피신해 작은 왕국을 건설하고 간신히 명맥을 이어 오고 있었다.

"잃어버린 우리 땅을 반드시 되찾아야 해!"

그들은 하늘에 맹세했고, 자손들도 옛 땅을 회복하려는 임무를 이어 나갔다. 이것을 '레콩키스타(국토 회복 운동)'라고 불렀다. 하지만 좀처럼 기회는 오지 않았다. 그러다 10세기 무렵 서북쪽에 카스티야 왕국이 세워지면서 레콩키스타는 활력을 띠기 시작했다. 1085년에는 이슬람 세력의 중심부였던 톨레도를 점령하더니 이슬람 사람들을 서남쪽으로 더 밀어붙였다. 한편, 동쪽에는 아라곤 왕국이 들어서서 사라고사를 격파하며 점차 서남쪽으로 나아갔다.

카스티야 왕국의 이사벨과 아라곤 왕국의 페르난도가 결혼했을 무렵, 이슬람 세력은 남쪽의 그라나다 왕국을 중심으로 한 일부 지역에만 남아 있었다. 이사벨 여왕과 페르난도는 그라나다 왕국으로 향했다. 두 사람이 이끄는 가톨릭 병사들은 치열한 전투를 벌이며 그라나다 시 코앞에 이르렀다. 쫓기던 이슬람 사람들은 1491년 그라나다 시에서 포위되었다. 더 이상 버틸 수 없게 된 그라나다 왕국의 마지막 왕 보압딜(무함마드 12세)은 이사벨 여왕과 협상했다.

"무어인(그라나다 왕국에 살던 사람들)에게 신앙의 자유를 보장해 주거나, 가톨릭의 통치를 받고 싶어 하지 않는 사람들을 나와 함께 아프리카로 떠날 수 있게 해 준다면, 나는 그라나다와 알람브라 궁전으로 들어가는 열쇠를 여왕께 바치고 떠나겠소."

이사벨 여왕은 조건을 받아들였다. 여왕이 된 후로 수많은 싸움

을 치러 왔고 병사들도 지쳐 있었다. 더 이상의 싸움은 여왕에게도 좋을 게 없었다.

1492년 1월, 이사벨 여왕과 페르난도 왕이 그라나다에 도착했다. 보압딜 왕은 이사벨 여왕에게 열쇠를 건네주고 남서쪽으로 떠났다. 이로써 800년간 이어져 온 레콩키스타가 마무리되었고 사실상 에스파냐는 통일을 이루었다.

여왕의 후원으로 아메리카를 발견하다

몇 개월 뒤, 에스파냐를 향후 200여 년간 유럽의 최강자로 만들어 줄 역사적인 만남이 알람브라 궁전에서 이루어졌다.

"폐하, 저를 후원해 주신다면 반드시 인도로 가는 가장 빠른 항로를 개척하겠습니다."

이사벨 여왕을 찾아온 사람은 다름 아닌 콜럼버스였다. 이사벨 여왕은 귀가 솔깃했다. 에스파냐를 통일하긴 했지만, 포르투갈을 비롯한 다른 나라와 아직 경쟁하는 중이었고 재정도 넉넉하지 못했다. 만약 콜럼버스가 인도로 가는 빠른 길을 발견하고 황금이나 향신료 같은 값비싼 물건들을 가져올 수 있다면 나라에 큰 도움이 될 터였다.

하지만 신하들이 반대했다. 게다가 콜럼버스는 다른 나라에서 여러 번 거절당하는 바람에 사기꾼이 아니냐는 소문까지 돌고 있었다. 이사벨 여왕은 섣불리 제안을 수락할 수 없어 거절했다. 하는 수 없이 콜럼버스는 궁을 나와 또 다른 나라로 향했다.

그런데 그가 막 산타페의 다리를 건너려 할 때, 이사벨 여왕의 시종이 급히 달려왔다.

"콜럼버스, 멈추시오! 여왕께서 그대를 다시 데려오라고 하셨소!"

발길을 돌려 알람브라 궁전으로 되돌아간 콜럼버스는 여왕으로부터 전폭적인 지원을 약속받았다.

1492년 8월 콜럼버스는 산타마리아호를 비롯한 세 척의 배를 이끌고 서쪽으로 출발했다. 당시 유럽 사람들은 지구가 네모나기 때문에 서쪽으로 가면 인도에 다다를 수 없다고 믿었다. 하지만 콜럼버스는 고집을 꺾지 않고 서쪽으로 나아갔다. 그는 대서양을 건너 69일 만에 어느 육지에 도착했다. 콜럼버스는 그곳이 인도의 일부라고 생각했고, 죽을 때까지 그렇게 믿었다. 그런데 그곳은 아메리카 대륙이었다.

당시 유럽인들에게 동양은 매우 신비한 땅이었다. 동쪽 끝으로 가면 마르코 폴로가 다녀온 중국이 있고, 인도와 지팡구(일본)도 있다고 믿었다. 그곳에는 황금과 보물이 넘쳐나고 귀한 향신료가 풍부할 거라고 생각했다. 콜럼버스도 그렇게 생각했다. 콜럼버스는 지도 제작자로 알려진 토스카넬리와 편지를 주고받으며 대서양 쪽으로 갈 계획을 세웠다. 수치를 잘못 계산한 콜럼버스는 에스파냐 끝에서 인도의 한쪽 끝이 매우 가깝다고 생각했다. 콜럼버스는 예측을 확신하고 대서양으로 항해를 떠났다.

항해는 순조롭지 않았다. 가도 가도 육지가 보이지 않자 선원들은 폭동을 일으킬 기세였고, 콜럼버스는 이들을 달래느라 애를 먹었다. 한번은 "만약 정말로 육지가 보이지 않는다면 내 머리를 자르시오!"라고 소리치기도 했다. 마침내 1492년 10월 12일 콜럼버스 일행은 육지에 다다랐다. 그는 이곳을 산살바도르라고 이름 붙였다.

콜럼버스는 주변의 섬들을 뒤져 특이한 생물과 원주민을 붙잡아 에스파냐로 되돌아갔다. 이사벨 여왕은 크게 기뻐했다. 콜럼버스는 이후에도 여러 번 모험을 떠났지만 금은보화는 발견하지 못

했다. 1504년 마지막 항해에서 돌아왔을 때, 이사벨 여왕은 세상을 떠난 뒤였다. 페르난도 왕은 콜럼버스를 거들떠보지도 않았다. 결국 그는 황금을 찾지 못한 채 심한 관절염을 앓다가 1506년 세상을 떠났다.

콜럼버스가 발견한 땅이 신대륙이었다는 사실을 알아챈 사람은 7년 후 그곳에 발을 디딘 이탈리아의 탐험가 아메리고 베스푸치였다. 그는 무려 10여 년의 탐사 끝에 그곳이 인도가 아닌 새로운 땅임을 알게 되었고, 자신의 이름을 따서 아메리카라고 불렀다. 이후 유럽에서는 본격적인 대항해 시대가 열렸고, 여러 나라가 앞다투어 신대륙 항해에 나섰다.

특히 포르투갈의 마젤란은 항해 도중 선원들의 반란과 거친 폭풍 등으로 온갖 고초를 치렀다. 심지어 처음 에스파냐를 출발한 다섯 척의 배 가운데 가장 규모가 큰 산안토니오호는 항해 도중에 다시 본국으로 돌아가기도 했다. 그러나 마젤란은 천신만고 끝에 마젤란 해협을 지나 태평양을 건넜다. 이후에도 시련은 계속되어 선원들은 병에 걸려 죽어 갔고 식량이 부족해 쥐를 잡아먹기도 했다. 그러면서 마침내 육지에 다다랐다.

마젤란이 도착한 곳은 인도가 아니라 필리핀의 한 섬이었다. 마젤란은 이곳에서 부족 간의 싸움에 말려들어 죽고 말았다. 하지만 다른 선원들이 다시 에스파냐로 돌아오게 되어 마젤란은 역사상 최초로 세계 일주를 시도한 탐험가로, 그가 탄 배는 처음으로 세계 일주를 완성한 배로 기록되었다.

유럽의 항해는 이후에도 계속되었다. 덕분에 새로운 문물들이 유럽으로 밀려 들어왔고, 새로운 식민지를 개척하면서 빠르게 경제 성장을 이루었다. 특히 에스파냐는 신대륙에서 들여온 온갖 물자와 금 등을 토대로 유럽에서 가장 강력한 국가로 떠올랐다. 펠리페 2세는 포르투갈까지 병합하여 힘을 과시하기도 했다. 그러나 유럽 국가들이 이처럼 신대륙 개척에 열을 올리는 동안 원주민들은 붙잡혀 노예가 되었고, 아즈텍과 잉카 등 원주민 문명도 종말을 맞았다.

〈최후의 만찬〉에 말똥을 던진 나폴레옹의 병사들

- 르네상스 시대

걸작의 끝없는 수난

"화면의 구도가 매우 수학적으로 이루어진 이 작품은 형식미를 잘 갖추고 있을 뿐만 아니라 주제를 다루는 방식에서도 이전의 다른 작품들에 비해 매우 독창적이다."

현대의 학자와 미술가들은 1497년에 완성된 레오나르도 다빈치의 〈최후의 만찬〉에 대해 이렇게 평가했다. 천재 화가라 불리던 다빈치가 밀라노의 한 수도원 식당에 그린 이 그림은 수도원 건물과 함께 유네스코 세계 문화유산으로 지정되었다. 하지만 이 작품은 탄생 직후부터 온갖 수모를 겪어야 했다.

우선, 그림을 그린 지 얼마 되지 않아 안료가 떨어져 나가고 갈라졌다. 다른 화가들이 복원하려고 시도했지만 도리어 작품을 손상할 뿐이었다. 100년이 채 안 된 1586년에는 더 이상 알아보기 힘들 정도가 되었다. 하지만 이것은 시작에 불과했다. 1625년 수도원에 살던 수도사들이 작품이 그려진 벽의 중앙 아래에 구멍을 냈다. 그쪽으로 문을 낸 것이다. 하필이면 예수의 발이 그려져 있던 부분이었다. 수도사들은 이 그림이 얼마나 대단한 작품인지 전혀 알지 못했다. 그래서 지금까지도 그림 아래쪽은 복원되지 못하고 있다.

170년이 지난 뒤, 이번에는 이탈리아를 침공한 나폴레옹의 병사들이 문제였다. 밀라노를 점령한 프랑스군은 하필이면 〈최후의 만찬〉이 있던 식당을 마구간으로 사용했다. 병사들은 그 그림이 훌륭한 예술 작품이라는 사실을 알아채지 못했다.

"이것 봐! 이쪽 벽에 사람의 얼굴이 그려져 있어. 말똥으로 얼굴 맞히기 내기나 할까?"

병사들은 심심풀이로 그림 속 예수와 열두 제자의 얼굴을 표적

삼아 말똥을 던졌다. 말을 돌보던 병사들은 바로 그 얼굴들의 눈을 칼로 파내며 깔깔거렸다.

그림의 수난은 끝이 없었다. 1800년대 초에는 대홍수로 수도원이 물에 잠기는 바람에 작품에 이끼가 끼고 곰팡이가 피었다. 그런가 하면 제2차 세계 대전 때는 수도원이 폭탄을 맞아 파괴되면서 그림이 고스란히 외부에 노출되고 말았다.

〈최후의 만찬〉이 본격적으로 복원되기 시작한 것은 1979년에 이르러서였다. 이탈리아 정부와 세계의 유명 화가들이 모여 대대적인 복원 작업을 펼쳤고 오늘날까지도 이 작업은 계속되고 있다.

이 그림이 아직까지 남아 있다는 게 신기할 정도야.

여기가 수도사들이 벽을 허물고 문을 만들었던 곳이야. 그래서 예수님 발이 없잖아.

〈최후의 만찬〉 미스터리 : 이탈리아의 음악가 지오바니 마리아팔라는 흥미로운 주장을 제기했다. 레오나르도 다빈치가 이 그림에 음악 코드를 숨겨 놓았다는 것이다. 마리아팔라가 이 그림의 복사본에 다섯 개의 선을 그려 보았더니 열두 제자의 손 위치가 일정한 음표를 표시하는 것 같았다. 호기심에 연주를 해 보았는데 음악이라고 할 수 없는 조잡한 소리가 났다. 그러던 어느 날 음표를 오른쪽에서 왼쪽으로 읽으면서 다시 연주했더니 30초 정도의 찬송곡이 연주되었다고 한다.

인간에게 눈을 돌린 르네상스 사람들

이탈리아에는 십자군 전쟁을 겪으면서 상업적으로 크게 발달한 도시가 많았다. 특히 제노바, 베네치아, 피렌체 같은 항구 도시는 지중해 무역의 중심지로서 주변의 이슬람 문화나 비잔티움 문화와도 접촉이 활발해서 이곳에 사는 사람들은 새로운 생각을 갖기 시작했다. 그들은 우선 크리스트교의 위세에 가려져 빛을 보지 못하고 있던 옛 그리스의 책들을 다시 찾아서 읽고 연구했다. 또 중세에 믿었던 것들이 사실이 아닐지도 모른다고 생각했다. 지구가 네모난 것이 아니라 둥글지도 모른다는 의심을 품었고, 사실을 확인하기 위해 직접 바다로 나가기도 했다. 신을 중심으로 바라보던 세상을 점차 인간 중심으로 바라보고, 종교적인 삶보다 현실적인 삶에 더 큰 관심을 두기 시작한 것이다. 14세기~16세기까지 이어진 이 시기를 르네상스 시대라 부른다.

르네상스 시대의 특징을 가장 잘 드러낸 분야는 문학이었다. 이 시기에 탄생한 이야기에는 모두 신이 아닌 평범한 인간, 아니 그보다 못한 인간이 주인공이었다. 특히 보카치오는 《데카메론》에서 수많은 사람을 등장시켜 인간의 욕심과 사랑과 지혜를 보여 주었다. 그 과정에서 사회 윤리를 꼬집고 섬세한 감정을 표현하기도 했다. 이 작품은 훗날 영국 시인 초서가 쓴 《켄터베리 이야기》에 직접적인 영향을 미쳤다.

가장 풍부한 결실을 맺은 분야는 미술이었다. 조각가이자 시인이었던 미켈란젤로는 돌을 깎아 조각을 만들었는데, 실제 사람이라고 착각할 정도로 정교하고 생명력이 흘러넘쳤다. 이것이 르네상스 시대 미술 작품의 특징이었다. 레오나르도 다빈치가 그린 〈모나리자〉는 미소가 너무 생생해 정말로 살아 있는 듯했고, 라파엘로가 그린 〈아테네 학당〉의 고대 그리스 학자들은 당장이라도 그림 속에서 걸어 나올 것 같았다. 미술가들은 그림에 사실감을 더하기 위해 해부학을 연구하고 원근법을 이용했다.

이토록 뛰어난 예술 작품들이 나올 수 있었던 것은 든든한 후원자인 메디치 가문 덕분이기도 했다. 금융업으로 크게 돈을 번 메디치가는 피렌체 시가 한 해에 거둬들이는 세금의 60퍼센트를 내기도 했다. 또 미켈란젤로와 레오나르도 다빈치 같은 예술가들이 작

미완성 작품 <모나리자> : 피렌체의 한 관리가 부인인 리자와 함께 다빈치를 찾아와 초상화를 부탁했다. 부인이 얼마나 아름다운지 다빈치는 마음이 설레었다. 어느 날 리자가 찾아와 그림이 완성되었느냐고 물었다. 다빈치는 리자가 3개월 뒤 여행에서 돌아올 때까지는 완성하겠다고 약속했다. 다빈치는 그녀의 아름다운 미소를 그리고 싶었는데 뜻대로 되지 않았다. 리자의 얼굴을 다시 보고 완성하려고 했지만 그녀는 여행 중에 병을 얻어 죽고 말았다. 결국 〈모나리자〉는 미완성인 채로 남게 되었다.

품 활동에 몰두할 수 있도록 후원했다. 그렇게 귀족이나 돈 많은 상인의 후원을 받다 보니 작품들이 점점 그들의 입맛에 맞게 제작되는 한계가 있었다.

과학 분야에서도 새로운 성과들이 나왔다. 코페르니쿠스가 천동설을 뒤엎고 지동설을 주장하였고, 갈릴레이는 자신이 만든 망원경으로 직접 천체를 관측하여 지동성을 뒷받침했다. 뉴턴이 나무에서 떨어지는 사과를 보고 만유인력의 법칙을 발견한 것도 이즈음이었다.

독일의 구텐베르크는 금속 활자를 만들었다. 한때 면벌부를 인쇄하기도 했지만, 그의 인쇄술 덕분에 더 많은 사람들이 성경과 책을 가까이 접하게 되어, 결과적으로 이 시대 사람들의 생각을 바꾸는 데 크게 기여했다.

르네상스는 이탈리아를 넘어 영국, 프랑스, 에스파냐로 건너가 위대한 문학 작품들을 낳았다. 영국의 셰익스피어는 지금까지도 사랑받는 명작들을 썼다. 《햄릿》《오셀로》《리어왕》《멕베스》와 같은 4대 비극을 비롯해 《말괄량이 길들이기》《뜻대로 하세요》《한여름 밤의 꿈》과 같은 희극은 훗날 영국인들 사이에서 이런 말을 만들어 냈다.

"셰익스피어는 인도와도 바꾸지 않겠다."

특히 이때까지만 해도 상당수의 공문서가 라틴어로 쓰였는데, 셰익스피어의 작품 활동으로 영어의 위상이 높아졌다.

프랑스의 프랑수아 라블레가 쓴《가르강튀아와 팡타그뤼엘》역시 뛰어난 언어 감각과 풍자성이 돋보여 르네상스 시대의 걸작으로 평가받는다. 에스파냐의 세르반테스가 쓴《돈키호테》는 중세 기사를 희화화한 듯한 주인공의 코믹한 활약과 인간적인 면모 때문에 오랫동안 많은 사랑을 받고 있다.

맥베스 윌리엄 셰익스피어, 최종철 옮김, 민음사, 2004

왕이 되고자 욕심을 부린 나약한 한 인간이 결국 죽음에 이르게 되는 비극적인 내용이다. 셰익스피어의 작품 가운데 비교적 짧은 작품이지만 사건이 빠르게 전개되어 독자를 몰입시킨다. 심리 묘사가 매우 뛰어나며, 셰익스피어 전공자가 원문의 길이와 형식을 충실히 살려 번역했다.

맥주 1리터가 준 용기

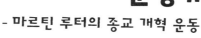

- 마르틴 루터의 종교 개혁 운동

맥주를 사랑한 마르틴 루터

"맥주를 많이 드세요. 왜냐고요? 맥주를 많이 마시는 사람은 잠을 잘 잘 수 있으니까요. 잠을 자는 동안에는 죄를 짓지 않습니다. 죄를 짓지 않는 사람이 천국에 갈 수 있습니다."

사람들 앞에서 이런 말을 한 사람은 뜻밖에도 성직자였다. 그것도 다름 아닌 종교 개혁을 이끈 마르틴 루터였다. 그를 알고 있던 사람들에게는 정말로 의외의 일일 것이다.

루터는 어렸을 때 매우 엄격한 아버지 밑에서 자랐다. 소심하고 겁이 많았던 루터는 종교적 규율도 엄격하게 지켰다. 규율을 조금이라도 어겼다고 생각하면 자신에게 매질을 했다. 심지어 성직자가 되기 전에도 고통을 체험한다며 거리에서 걸인처럼 구걸을 하기도 했다.

이처럼 지나칠 정도로 금욕적이었던 루터가 죄를 핑계로 술을 권하다니, 어떻게 된 일일까? 루터는 삶에서 맥주를 신앙생활만큼이나 중요하게 생각해 죽을 때까지 함께했다. 심지어 재판을 받을 때도 맥주를 마셨다.

시골 마을의 성직자에 불과했던 마르틴 루터의 이름이 널리 알려진 것은 교회의 면벌부 판매에 반기를 들었기 때문이다. 면벌부란 당시 가톨릭교회에서 재물을 바친 사람에게 죄에 대한 벌을 면해 준다는 의미로 주던 증서이다. 루터는 면벌부가 성경에도 위배

되고, 그러한 행위가 독일을 악의 수렁으로 빠뜨린다고 주장했다. 그리고 그릇된 성직자들의 반성을 촉구하면서 비텐베르크 대학의 궁정 교회 정문에 95개조의 반박문을 붙이기도 했다.

"인간은 오로지 신앙으로만 구원받을 수 있다. 그 어떤 것도 신앙을 대신할 수는 없다! 교황이 벌을 면하게 해 준다는 말은 자신이 내릴 벌을 취소하겠다는 의미일 뿐이다!"

그는 거리에 나서서 연설할 때마다 지금 교회가 무엇을 잘못하고 있는지를 사람들에게 알렸다. 교황은 물론 주교와 성직자들에게도 자신의 주장을 알렸다. 시민들도 그의 주장에 동참했다.

독일의 황제는 루터의 움직임에 위기감을 느꼈다. 1521년 황제는 보름스 회의를 소집해 루터를 소환했다. 그를 파문하고 사형 집행이라도 할 기세였다. 교황에 맞선 것이니 화형을 당할지도 모를 일이었다. 루터는 잔뜩 겁을 먹은 채 회의장에 도착했다. 그런데 막 회의장에 들어서려던 루터 앞에 그를 적극적으로 지지하던 칼렌베르크 공작이 나타났다. 공작은 루터에게 무언가를 내밀었다. 뜻밖에도 그것은 1리터의 맥주였다. 루터는 잠시 주저하다가 단숨에 마시고 회의장으로 들어갔다.

회의장에서 95개조 반박문을 취소하라는 압력을 받자 루터는 당당하게 대답했다.

"나는 결코 반박문을 철회할 생각이 없습니다."

루터와 맥주의 인연은 여기서 끝이 아니었다. 그로부터 2년 뒤 어느 날 밤, 루터는 라이프치히 부근에 있는 한 수도원에서 열두 명

로봇 성직자 '블레스 유' : 2017년, 마르틴 루터가 종교 개혁에 나섰던 독일의 작센안할트 지역에 로봇 성직자가 등장했다. 종교 개혁 500주년을 기념한 것이었다. 로봇의 이름은 '블레스 유'로, '당신에게 축복을'이란 뜻이다. 블레스 유의 기도를 원한다면 가슴에 있는 터치 스크린을 눌러 메뉴를 선택하면 된다. 블레스 유는 진짜 성직자처럼 양팔을 벌리기도 한다. 기도 내용이 마음에 들면 출력해서 가져갈 수도 있다.

의 수녀를 몰래 탈출시켰다. 수도원의 수녀들이 억압적인 생활을 견디지 못해 도움을 요청했던 것이다. 그런데 루터는 수녀들 중 한 사람인 카타리나 폰 보라와 운명적인 사랑에 빠졌다. 더 기막힌 일은 수도원에서 폰 보라가 하던 일이 맥주 만드는 일이었다는 것이다. 두 사람은 결혼을 했고, 루터는 평생 아내가 만드는 맥주를 마음껏 마실 수 있게 되었다. 그는 맥주를 '인간을 구원에 이르게 하는 신성한 음료'라고 칭했다. 이런 일들로 훗날 이 지역의 맥주 제조업자들은 루터를 맥주 광고에 이용하기도 했다.

로마 가톨릭교회에 저항한 종교 개혁

로마 가톨릭교회는 14세기 무렵부터 부패해 가기 시작했다. 16세기에 이르러서는 성직자들의 타락이 심각한 수준에 이르렀다. 성직을 사고파는 일이 빈번했고, 성직자가 재산을 축적하기 위해 몰래 술집이나 도박장을 운영하기도 했다. 일부 사제들은 성적으로도 문란해 가톨릭에 대한 신뢰는 땅에 떨어지고 있었다. 바로 이런 때에 교회가 면벌부를 팔기 시작했다.

"여러분, 면벌부를 사세요! 여러분이 낸 돈이 헌금함 속으로 떨어지는 순간, 여러분에게 남은 벌은 깨끗하게 사라질 것입니다."

교회는 면벌부를 대량으로 인쇄하여 온갖 핑계를 만들어 팔았다. 면벌부 판매에 열을 올린 이유는 교황 레오 10세의 사치와 과욕 때문이었다. 그는 교황이 될 때부터 정치 외교적 업무는 추기경에게 맡기고 사냥과 유흥에 빠져 지냈다. 그런 마당에 자신의 치적을 높이기 위해 성 베드로 대성당을 짓겠다는 야심을 보였다. 하지만 교황청의 재정은 진작에 바닥난 상태여서 성당의 건립 기금을 만들기 위해 면벌부를 팔기로 한 것이다.

교회의 어처구니없는 행태에 마르틴 루터가 즉각 반발했다.

"예수께서는 어디에서도 면벌부에 대해 말씀하신 적이 없다. 믿음만이 우리를 구원할 것이다!"

마침내 그는 1517년 10월 31일 면벌부에 대한 95개조 반박문을 써서 비텐베르크 교회의 정문에 붙였다. 면벌부 판매가 얼마나 잘못된 일인지를 알리고, 이 문제를 놓고 토론해 보자는 의도였다.

루터의 글은 곧바로 독일 전역에 퍼져 나갔고, 호응하는 사람들도 늘어났다. 교회에서는 주장을 철회하라고 요구했지만, 루터는 굴복하지 않았다. 면벌부 판매에 열을 올리던 한 성직자는 루터를 향해 "내가 이 이단자를 불길 속에 집어던지리라!" 하고 저주를 퍼붓기도 했다. 하지만 루터는 겁먹지 않고 더 파격적인 주장을 내세웠다.

"교회가 부당하게 거둔 토지와 재산을 몰수해야 한다! 또 귀족들이 나서서 독일을 로마 교황청으로부터 해방시켜야 한다!"

결국 교황은 루터에게 칙서를 보냈다. 60일 내에 주장을 철회하지 않으면 파문하겠다는 경고장이었다. 루터는 자신을 공개 변론하기 위해 보름스 회의장으로 떠났고, 그곳에서도 당당하게 말했다.

"나는 성직자의 양심으로 어떤 말도 취소할 수 없습니다. 만약 내가 양심을 저버린다면 그것은 진정한 구원을 위협하는 일이기 때문입니다. 주여, 나를 도우소서!"

이후 루터의 재판이 한 번 더 벌어졌다. 교황은 그를 이단자로 공표하고 파문했다. 독일에서는 기존의 가톨릭 세력, 루터를 지지하면서 로마 교회에 저항하는 세력이 나뉘어 다투기 시작했다. 로마 교회에 저항하는 사람들을 프로테스탄트라고 불렀다.

종교 개혁은 독일에서 그치지 않았다. 스위스의 츠빙글리가 루터의 영향을 받아 "성서만이 유일한 신앙의 기준이 된다."라고 주장하고 나섰다. 또 프랑스의 칼뱅은 "인간의 구원은 신에 의해 미리 정해져 있는 것이므로 인간은 현실에 충실하기만 하면 된다."라는 예

트리엔트 공의회 : 1545년부터 1563년까지 18년 동안 이탈리아의 트렌토에서 열린 종교 회의이다. 종교 개혁으로 인한 교회의 분열을 수습하려고 교황이 소집하였으나 프로테스탄트 쪽은 참석하지 않았다. 이 회의에서 그동안 가톨릭이 잘못한 일들을 반성하고 누구도 돈으로 성직을 살 수 없게 하는 규칙을 만들었다.

정설을 내세웠다. 칼뱅은 교회의 의식을 검소하고 소박하게 진행하라고 요구했다. 특히 신을 믿는 자는 누구보다 경건하고 금욕적이어야 한다고 주장했다. 칼뱅의 주장은 훗날 전 유럽으로 퍼져 나가 영국에서는 청교도, 스코틀랜드에서는 장로파, 프랑스에서는 위그

헨리 8세와 결혼한 여섯 명의 왕비

첫 번째 왕비 캐서린

흑흑

메리 공주

메리 1세의 어머니. 아들을 낳지 못한다는 이유로 이혼당했다.

두 번째 왕비 앤 불린

흥!

엘리자베스 공주

엘리자베스 1세의 어머니. 헨리 8세가 마음을 보이자 캐서린과의 이혼을 요구했다. 역시 아들은 낳지 못했다.

세 번째 왕비 제인 시모어

에드워드 왕자

궁녀 출신으로 청렴하고 검소했다. 아들 에드워드 6세를 낳았지만 출산 후 2주 만에 사망했다.

네 번째 왕비 클레베의 앤

클레베 공국의 공주. 6개월 만에 이혼당했다.

다섯 번째 왕비 캐서린 하워드

앤 불린의 사촌. 과거의 연인에게 편지를 보낸 것이 밝혀져 죽임을 당했다.

여섯 번째 왕비 캐서린 파

헨리 8세

이혼녀였지만 왕과 결혼 후 왕자와 공주를 잘 보살폈다. 헨리 8세는 그녀 곁에서 세상을 떠났다.

노 등의 개혁 종파가 탄생하는 데 결정적인 영향을 끼쳤다.

영국에서는 교황에게 '가톨릭의 수호자'라는 별명까지 얻었던 헨리 8세에 의해 종교 개혁이 진행되었다. 헨리 8세는 이때 왕비 캐서린과 이혼하고 앤 불린과 결혼하고 싶어 했다. 캐서린과의 사이에 아들이 없다는 것이 이유였다. 앤 불린과 결혼하려면 가톨릭교인으로서 교황의 허락을 받아야 하는데, 당시 가톨릭교회는 이혼을 금지하고 있었다. 교황이 교리를 내세워 반대하자 헨리 8세는 단호한 처방을 내렸다.

"아무리 교황일지라도 남의 나라 일에 함부로 간섭해선 안 된다. 나는 영국의 왕으로서 나의 통치권을 행사할 것이다."

헨리 8세는 자신이 영국 국교회의 수장이 되었음을 선포한 뒤, 수도원의 땅을 몰수해 국가 재산으로 환수하고 교황청으로 보내던 각종 세금을 금지시켰다.

| 1309년~1377년 | • 아비뇽 유수가 있었다. 중앙 집권 국가를 꿈꾸던 프랑스 국왕 필리프 4세는 전쟁을 통해 영토를 넓히고자 했다. 이에 필요한 자금을 성직자의 세금으로 대려고 하자 교황은 거세게 반대했다. 필리프 4세는 자신의 결정에 사사건건 반대하는 교황 보니파키우스 8세를 재판하기로 했다. 이에 대항하여 교황도 국왕 필리프 4세를 파문하기로 했다. 그러자 필리프 4세는 군사를 보내 교황을 체포하여 가두었다. 충격을 받은 교황은 얼마 뒤 세상을 떠나고, 필리프 4세는 자신의 말을 잘 따르는 클레멘스 5세를 교황의 자리에 앉혔다. 그리고 그를 로마가 아닌 프랑스의 아비뇽에 머물게 했다. 이후 1377년까지 일곱 명의 교황이 아비뇽에서 지냈는데, 이를 교황이 포로로 갇혀 있는 것으로 비유하여 '아비뇽 유수'라고 부른다. '유수'는 잡아서 가둔다는 뜻이다. |

아비뇽 유수 시기에 교황이 머물면서 교황청으로 사용한 곳.

1337년~1453년	• 백 년 전쟁이 벌어졌다.
14세기 중반	• 유럽 전체가 흑사병의 공포에 휩싸였다.
1368년	• 명나라가 건국되었다.
1370년	• 티무르 왕조가 일어났다. 칭기즈 칸의 몽골군이 아시아를 넘어 유럽까지 휩쓸고 난 뒤 그의 자손들은 여러 개의 나라를 세웠다. 그중 중앙아시아 일대에 자리잡고 있던 차가타이한국은

14세기 후반, 동과 서로 갈라지며 국력이 쇠약해졌다. 이때 기다렸다는 듯 지역의 귀족들이 독립을 서둘렀고, 튀르크 귀족 중 한 사람인 티무르도 이 세력 다툼에 뛰어들었다. 그는 자신이 칭기즈 칸의 후손이라면서 몽골 제국을 다시 일으키겠다고 큰소리쳤다. 실제로 티무르는 군사를 모아 금세 주변 지역을 점령해 나갔다. 호라즘과 아제르바이잔, 아르메니아까지 손에 넣었을 뿐 아니라 오스만 제국의 바예지드 1세와 싸워 이기고 그를 포로로 잡았다. 그러자 티무르는 더 동쪽까지 욕심을 냈다. 바로 막 일어난 명나라였다. 그러나 티무르가 열병에 걸려 사망하는 바람에 티무르와 명의 전쟁은 일어나지 않았다.

1453년
- 오스만 제국이 콘스탄티노폴리스를 점령했다. 이로 인해 동로마 제국이 멸망했다.

1467년
- 일본에 전국 시대가 시작되었다. 이해에 일본에서는 '오닌의 난'이 일어났다. 쇼군의 후계자를 두고 슈고 다이묘(쇼군이 지방 영주들을 관리하도록 보낸 사람 중 영지와 군사력을 가진 사람)들이 서로 싸운 사건이었다. 이때부터 스스로 힘을 키운 지방 세력들이 이전의 슈고 다이묘를 쓰러뜨리고 새로운 지배자가 되곤 했다. 이들은 서로 뭉치기도 하고 배신하기도 하면서 세력을 키워 나갔다. 특히 이즈음 포르투갈에서 유입된 조총을 잘 다루던 오다 노부나가가 빠르게 세력을 키워 나갔다. 그는 조총 부대를 앞세워 곳곳에서 승리를 거두었다. 1573년 오다 노부나가가 무로마치 막부를 멸망시키면서 전국 시대는 막을 내렸다.

1492년
- 콜럼버스가 서인도 제도에 도착했다.

1517년
- 마르틴 루터가 '95개조 반박문'을 발표하여 종교 개혁이 시작되었다.

1519년
- 마젤란 일행이 세계 일주 항해를 시작했다.

1521년
- 아즈텍 문명이 멸망했다. 1세기 무렵에 융성했다가 9세기 이후에 갑자기 자취를 감춘 마야 문명을 이어받은 사람들은 아즈텍 족이었다. 그들은 높은 고원 위의 커다란 호수를 발견했고, 그 호수의 한 섬에 테노치티틀란이라는 도시를 건설했다. 아즈텍

족은 이곳에 반듯한 길을 내고 운하를 건설했으며, 피라미드를 만들어 제사를 올렸다. 그러던 1519년, 에스파냐의 군인이자 탐험가인 코르테스가 선원 500여 명을 이끌고 이곳에 왔다. 아즈텍족은 코르테스 일행을 '케찰코아틀(아즈텍 신화에 나오는 뱀신)'이라면서 무척 반겼다. 이들이 타고 온 배를 신의 날개라 여기기도 했다. 하지만 코르테스는 아즈텍족을 위협해 황금을 빼앗고, 기독교로 개종하도록 강요했다. 아스테카의 왕 몬테수마 2세는 이를 거부했고, 코르테스 일행은 총으로 아즈텍족 대부분을 사살했다. 이렇게 아즈텍 문명은 종말을 고하고 말았다.

1534년 • 영국 국교회가 설립되었다.

1571년 • 잉카 문명이 종말을 맞았다. 지금의 페루 남부 쿠스코 지역은 고대 잉카 문명의 수도였다. 그곳에는 반듯하게 포장된 길과 돌을 잘라 만든 집이 즐비했다. 그러나 아즈텍 문명이 그랬듯, 잉카에도 유럽인 탐험가가 발을 내딛으면서 파괴가 시작되었다. 1531년 에스파냐의 피사로가 선원들을 이끌고 나타나 닥치는 대로 총을 쏘아 대면서 왕을 포로로 잡고 황금을 요구했다. 어쩔 수 없이 잉카 사람들은 5개월 동안 5천 킬로그램이 넘는 금을 피사로에게 바쳐야 했다. 하지만 피사로와 에스파냐 선원들은 이에 만족하지 않고 잉카의 신전을 파괴하고 장식된 금까지 떼어 갔다. 또한 수많은 사람들을 죽였다. 잉카인들은 산악 지역으로 옮겨 가며 저항했지만, 1571년 마지막 황제가 처형당하면서 완전히 멸망하였다.

잉카 제국이 번성했을 때는 남북으로 4천 킬로미터에 이르는 넓은 지역을 다스렸대. 한반도의 네 배야.

건축 기술이 아주 빼어났다던데 그렇게 멸망하다니 안타까워.

저것 좀 봐! 저렇게 깎아지른 듯한 곳에 건설한 마추픽추만 봐도 알 수 있지.

찾아보기

한눈에 보는 연표

세계사				
기원전 3500년경 메소포타미아 문명 발생	3100년경 상·하이집트 통일	2500년경 황허 문명, 인더스 문명 발생	1750년경 함무라비 법전 제정	1200년경 트로이 전쟁

한국사

기원전 2333년
단군, 고조선 건국

589년 수나라 건국	527년 유스티니아누스 황제 즉위	476년 서로마 제국 멸망	4세기~6세기 민족 대이동	395년 동·서로마 분리

↓ 562년
대가야 멸망

610년 이슬람교 성립	618년 당나라 건국	960년 송나라 건국	1096년~1270년 십자군 전쟁	1185년 일본 가마쿠라 막부 시작

676년
신라의 삼국 통일
698년
대조영, 발해 건국

918년
왕건, 고려 건국
926년
발해 멸망

1145년
김부식 《삼국사기》 편찬
1170년
무신정변

1526년 무굴 제국 탄생	1519년~1522년 마젤란 세계 일주	1517년 루터 '95개조 반박문' 발표	1492년 콜럼버스 아메리카 대륙 발견	1467년 일본 전국 시대 시작

1534년 영국 국교회 설립	1600년 영국 동인도 회사 설립	1602년 메이플라워호 뉴잉글랜드에 정착	1616년 후금(청나라) 건국	1642년 청교도 혁명

1592년
임진왜란 발발

1636년
병자호란

1860년~1865년 미국 남북 전쟁	1860년 베이징 조약	1857년~1859년 세포이의 항쟁	1853년~1856년 크림 전쟁	1840년~1842년 아편 전쟁

 ↓ 1876년
강화도 조약 체결

1861년
김정호, 대동여지도
제작

1863년 링컨의 노예 해방 선언	1894년 청일 전쟁	1914년~1918년 제1차 세계 대전	1922년 소비에트 사회주의 공화국 연방(소련) 성립	1934년~1936년 홍군 대장정

1884년
갑신정변

1894년
동학 농민 운동, 갑오 개혁
1897년
대한제국 성립

1905년
을사조약
1910년
한·일 병합 강제 체결

1919년
3·1운동, 대한민국 임시
정부 수립

| 770년~221년
춘추 전국 시대 | 753년
로마 건국 | 597년~538년
바빌론 유수 | 6세기경
불교 창시 | 431년~404년
펠로폰네소스 전쟁 |

↓

| 220년~265년
위·촉·오 삼국 시대 | 기원후 206년
한나라 건국 | 221년
진나라 건국 | 264년~146년
포에니 전쟁 | 334년~323년
알렉산더 대왕
페르시아 원정 |

기원후 42년
6가야 성립

37년
동명왕, 고구려 건국
18년
온조왕, 백제 건국

57년
박혁거세, 신라 건국

| 1219년~1225년
칭기즈 칸의
서역 원정 | 1271년
원나라 건국 | 1271년~1295년
마르코 폴로 동방 여행 | 1299년
오스만 제국 건설 | 14세기~16세기
르네상스 시대 |

1231년
몽골 침입
1237년~1248년
《고려 장경》 간행

↓

| 1453년
동로마 제국 멸망 | 1370년
티무르 왕조 성립 | 1368년
명나라 건국 | 14세기 중반
유럽에 흑사병 유행 | 1337년~1453년
백년 전쟁 |

1388년
위화도 회군
1392년
조선 건국

1443년
훈민정음 창제

| 1688년
명예 혁명 | 1700년~1721년
북방 전쟁 | 1747년
보스턴 차 사건 | 1756년~1763년
백 년 전쟁 | 1769년
와트의 증기 기관
발명 |

1708년
대동법 전국 시행

↓

| 1811년~1817년
기계 파괴 운동 | 18세기~19세기
산업혁명 | 1797년~1815년
나폴레옹 전쟁 | 1789년
프랑스 혁명 발발 | 1775년~1782년
미국 독립 전쟁 |

1805년~1863년
안동 김씨 세도 정치
1811년
홍경래의 난

| 1939년~1945년
제2차 세계 대전 | 1949년
중화인민공화국 수립 | 1969년
아폴로 11호 달 착륙 | 1990년
독일 통일 | 1991년
소련 붕괴 |

1945년
8·15 광복
1948년
대한민국 정부 수립

1950년
6·25 전쟁 발발
1953년
휴전 협정 조인

1960년
4·19 혁명
1980년
5·18 민주화 운동

1987년
6월 민주 항쟁

세계사

한국사

사진 출처

13쪽 이슈타르 문 ⓒ 위키미디어 | Gryffindor

14쪽 지구라트 ⓒ 위키미디어 | Hardnfast

16쪽 함무라비 법전 ⓒ 위키미디어 | VIGNERON

34쪽 고대 올림픽 경기 그림 화병 ⓒ 위키미디어 | Carole Raddato

41쪽 〈알렉산더 모자이크〉 ⓒ 위키미디어

45쪽 병마용갱 ⓒ 위키미디어 | FEXX

49쪽 만리장성 ⓒ 위키미디어 | Jakub Hałun

74쪽 아소카왕 석주 ⓒ 위키미디어 | Chrisi1964

98쪽 기린 그림 ⓒ 위키미디어

111쪽 수 양제 초상화 ⓒ 위키미디어

161쪽 최후의 만찬 ⓒ 위키미디어 | Paris Orlando

176쪽 아비뇽의 교황궁 ⓒ 위키미디어 | Jean-Marc Rosier

178쪽 마추픽추 ⓒ 위키미디어 | Chensiyuan

*이 책에 사용한 사진은 저작권자의 허가를 받고 게재한 것입니다. 허가를 받지 못한 일부 사진에 대해서는 저작권자가 확인되는 대로 게재 허가를 받고 사용료를 지불하겠습니다.

교과서보다 먼저 읽는

첫 세계사 1

1판 1쇄 발행일 2020년 12월 30일 **1판 2쇄 발행일** 2021년 6월 23일

글쓴이 한정영 **그린이** 이창우 **펴낸곳** (주)도서출판 북멘토 **펴낸이** 김태완

편집주간 이은아 **편집** 김정숙, 조정우 **디자인** 안상준 **마케팅** 최창호, 민지원

출판등록 제6-800호(2006. 6. 13.)

주소 03990 서울시 마포구 월드컵북로6길 69(연남동 567-11) IK빌딩 3층

전화 02-332-4885 **팩스** 02-6021-4885

ⓞ bookmentorbooks__ ⓕ bookmentorbooks ✉ bookmentorbooks@hanmail.net

ⓒ 한정영 2020

ISBN 978-89-6319-396-0 44900

      978-89-6319-395-3 44900(세트)

이 도서의 국립중앙도서관 출판예정도서목록(CIP)은 서지정보유통지원시스템 홈페이지(http://seoji.nl.go.kr)와 국가자료종합목록 구축시스템(http://kolis-net.nl.go.kr)에서 이용하실 수 있습니다. (CIP제어번호 : CIP2020052899)